KB049851

경영권 법률실무

경영권 분쟁의 대응과 해법

법무법인(유) 지평

인사말 •••

　기업을 둘러싼 이해관계인들은 대표, 임직원, 대주주, 소수주주, 채권자, 거래처 등 다양합니다. 기업은 이해관계인들 사이의 상충하는 이해관계를 조정하면서도 기업 자체의 성장과 발전을 이룩할 수 있는 합리적인 경영시스템을 구축해야 합니다.

　기업의 경영권을 둘러싼 분쟁은 합리적 경영시스템을 구축하고 기업을 정상화하는데 긍정적인 기여도 할 수 있지만, 그 분쟁이 기업의 성장과는 무관한 사익 추구를 목적으로 하거나 기업의 자원을 소모하는 출혈을 강요한다면 기업의 지속적 성장을 가로막는 악영향을 끼칠 수 있습니다. 그러므로 불필요한 경영권분쟁을 예방하고, 이미 발생한 분쟁을 지혜롭게 해결하는 것은 기업의 발전을 위해 매우 중요합니다.

　경영권분쟁은 시간이 갈수록 그 유형이 복잡해지고 있습니다. 전통적으로 대주주 사이에서 또는 대주주와 경영진 사이에서 발생하였던 경영권분쟁은 최근 행동주의 펀드를 포함한 조직화된 소수주주의 등장으로 인해 또다른 국면을 맞이하고 있습니다. 분쟁의 형태는 더욱 다양해지고 있고, 그로 인해 기업 경영을 위해 고려해야 할 변수들은 급증하였습니다.

　법무법인(유한) 지평은 이렇듯 증가하는 경영권분쟁 사건을 전담하고 체계적, 전문적으로 대응하기 위해 '경영권 분쟁 대응센터'를 조직하였고, 항공, 건설, 부동산, 금융, 제약, 제조, 의류, 식품 등 다양한 기업들의 경영권분쟁 현장을 두루 경험하면서 분쟁에 실효적으로 대응하는 역량을 축적하였습니다.

　　무엇보다도 법무법인(유한) 지평의 경영권 분쟁 대응센터는 '현장 위주의 즉각적인 대응'을 최우선의 가치로 삼고 있습니다. 일촉즉발의 이사회 및 주주총회 현장, 물러설 수 없는 협상 현장, 긴장이 고조되는 수사기관과 법원 등 모든 현장에 임하여 고객의 든든한 버팀목이 되어 드리고, 위기 상황을 돌파하며, 종국적으로 고객에게 안심과 만족을 드리고 있습니다.

　　이러한 경영권분쟁 대응과 해결 과정에서 축적한 경험, 참고한 법규와 이론 및 판례를 정리하여 이 책자를 발간하게 되었습니다. 이 책자는 그동안 경영권분쟁의 현장에서 실제로 발생하는 다양한 법적 문제를 실무적인 관점에서 설명한 것이므로, 기업에서 이 분야를 담당하시는 분들이 참고할 만한 가치가 충분하다고 생각됩니다.

　　아무쪼록 이 책자가 갈등과 대립의 현실 속에서 실질적 해결 방안을 모색하는 담당자 분들에게 작은 길잡이가 될 수 있기를 기대해 봅니다.

　　아울러 저희 법무법인(유한) 지평의 경영권 분쟁 대응센터는 앞으로도 내실있는 법률서비스를 지속적으로 제공하여 관련 기업들의 법적 애로사항을 해소하는 데 도움이 될 수 있도록 최선을 다하겠습니다.

　　감사합니다.

2023년 12월

법무법인(유한) 지평 대표변호사 윤 성 원

차례 •••

07 주주총회와 관련하여 문제되는 형사상 쟁점

제1장

경영권분쟁의
개관

Ⅰ / 경영권분쟁의 개념 및 방어의 필요성

1. 경영권분쟁의 개념 및 방어의 필요성

가. 경영권분쟁의 개념

'경영권'이란 사용자가 기업경영에 필요한 기업의 시설 관리 그리고 운영 및 인사 등에 관해서 권리를 가지고 회사의 중요 사항을 의사결정할 수 있는 배타적인 권한을 의미한다. 기업의 중요한 의사결정은 회사를 대표하는 대표이사가 이사회의 결의를 거쳐서 결정하게 된다(상법 제389조, 제393조). 이사회는 각 이사가 소집할 수 있으며(상법 제390조), 이사 과반수 출석과 출석이사 과반수로 결의된다(상법 제391조). 따라서 기업의 중요사항을 결정할 수 있는 배타적인 권한을 갖기 위해서는 대표이사 취임 및 이사회 장악이 필수적이다. 그런데 대표이사는 정관에서 따로 정함이 없는 한 이사회의 결의로 선정하고(상법 제389조 제1항), 이러한 이사회를 구성하는 이사는 주주총회에서 선임한다(상법 제382조 제1항). 즉 주주총회에서 많은 주식 지분을 확보하여 보다 많은 이사를 선임하여, 이사회를 장악 및 대표이사에 취임하는 쪽이 경영권을 갖게 되는 것이다. 따라서 경영권분쟁이 실제 발생하는 경우, 주식을 매입하여 주주로서의 법적 권리를 행사하는 초기 단계에서부터 주주총회 소집, 주주총회를 개최하여 각종 결의를 하는 과정, 결의 이후 결의의 법적 효력을 다투는 단계까지 많은 쟁송을 수반하게 된다.

나. 경영권분쟁 방어의 필요성

IMF 금융위기 이후 자본시장의 규모가 확대되고 외국인의 주식소유비중이 증가함에 따라, 상법 및 「자본시장과 금융투자업에 관한 법률」(이하 '자본시장법') 등에서는 소액주주를 보호하고 시장의 건전성을 제고하기 위하여 공시규정 및 소수주주권 강화, 집단소송제 도입, 지배주주의 의결권 제한, 적대적 M&A 규제 폐지, 스튜어드십코드 도입 등 지배주주의 지배권을 견제하고 전횡을 방지하기 위한 다양한 제도가 도입되었다. 또한 최근에는 소수주주가 적극적으로 자신의 권리를 행사하는 등 이른바 주주행동주의 움직임이 활발해짐에 따라 다양한 형태의 주주행동주의 펀드가 출현하고 있는 상황이다.

이러한 국내 증권시장의 변화 과정에서 시장은 건전화되고 소액주주의 보호장치는 발전하는 순기능도 존재하였지만, 기업의 지배권(소유권 및 경영권)은 (i) 제도를 악용한 금융전문가의 지배권 위협, (ii) 소수주주권 악용을 통한 Green Mail,[1] (iii) 소액주주간 연대를 통한 경영권 공격, (iv) 소액지분으로 경영 견제가 가능한 감사 선임 등의 방식과 같은 위험이 높아져, 우리나라의 많은 기업들이 경영권 침해의 위험과 Green Mail을 포함한 적대적 M&A에 노출되는 문제점이 속출하고 있는 현실이다.

---

[1] 상장기업의 주식을 대량 매입한 기업사냥꾼들이 경영권 침탈 위기에 처한 대주주에게 보유주식을 시가보다 높은 고가의 가격으로 되파는 과정에서 수익을 챙기는 행위를 의미한다.

　많은 기업들이 경영권분쟁에 무방비상태로 맞닥뜨리는 경우, 상대방 측에서 계획적으로 취해오는 법적 권리 행사 및 조치들에 대해서 대응할 시기를 놓치거나 방만하게 대응함으로 인해 경영권 방어에 성공하더라도 어려운 재정·경영 상황에 처하거나, 다른 집단으로부터 계속된 경영권 확보 시도를 겪다 결국 경영권을 잃는 사례들이 점점 증가하고 있다. 따라서 기업은 만일의 상황에 대비하기 위하여 예방적 차원에서 경영권분쟁에 대한 방어 전략을 마련해두고, 실제 분쟁이 발생하게 되었을 때 시기별로 어떠한 방어 수단을 활용하여 대응할 수 있는지 숙지하고 대응할 필요가 있다.

다. 최근 경영권분쟁 사례

　최근 행동주의 펀드가 기존 경영진에 대한 문제를 공론화시키고 적대적 M&A를 시도하거나 소액주주들이 연대하여 경영권에 영향력을 행사하는 시도하는 사례들이 점차 증가하고 있다.

1) 행동주의 펀드

　IMF 외환위기 이후 국내·외 투기자본 및 기업에 의해 발생한 국내 기업에 대한 경영권분쟁 사례가 다수 존재하였다. 최근 대표적인 사례로는 행동주의 펀드인 KCGI가 한진그룹의 지주회사인 한진칼을 인수하려 시도했던 사례, 얼라인파트너스 자산운용이 소액주주로서 권리를 행사하여 SM엔터테인먼트를 압박했던 사례 등이 있다. KCGI는 2019년 1월 '한진그룹의 신뢰회복을 위한 프로그램 5개년 계획'을 공개 제안하면서 한진칼과 한진 및 이들의 대주주 측에 지배구조 개선, 기업가치 제고, 고객 만족도 개선 및 사회적 신뢰 제고 등 3가지 측면에서 투자 사업 재검토, 신용등급 회복, 이해관계자들을 포함한 상설 협의체 조직 등을 요구했고, 이와 함께 2019년 1월 주주명부 열람등사 가처분 신청, 같은 해 2월 주주총회 의안상정 가처분 신청, 같은 해 3월 검사인 선임 신청을 연달아 제기한 바 있다. 위 신청들은 모두 받아들여졌고, 의안상정 가처분결정에 대하여는 이후 한진칼의 이의가 받아들여져 신청이 기각되었었다. 이에 한진그룹은 2019년 2월 '비전 2023'을 공개하면서 배당 성향 확대, 그룹 IR 정기 개최를 통한 주주 소통 강화, 부지 매각을 통한 재무구조 개선, 사외이사후보추천위원회 설치, 사외이사 추가 선임, 감사위원회 설치 등 내부통제 강화 등의 방안을 발표했다. 한진칼이 2020년 11월 KDB에 대하여 제3자배정 유상증자 방식으로 교환사채를 발행하겠다는 계획을 발표하였고, 이에 대하여 KCGI가 우호주주 확보를 통한 경영권 강화의 목적이 있다는 이유로 한진칼을 상대로 신주발행금지 가처분 신청을 하였지만, 2020년 12월 법원은 경영목적 달성을 위한 불가피한 선택이라는 점을 들어 가처분 신청을 기각하였는바, 한진칼은 적절한 법적 수단을 활용하여 경영권 방어에 성공할 수 있었다.

2) 소액주주운동

행동주의 펀드 이외에도 최근 소액주주들이 모여 배당금 증액 및 감사 선임 등을 통하여 경영에 참여하기 위하여 필요한 지분을 확보하고, 이를 바탕으로 공개 주주서한을 보내거나 언론 보도 등의 수단을 동원하여 경영진을 압박하는 사례가 증가하고 있는데, 이를 이른바 '소액주주운동'이라고 한다. 국내 소액주주운동의 최초 사례는 1997년 참여연대가 주도한 주주대표소송으로 볼 수 있다. 참여연대는 1997년 신문에 광고를 내고 편지를 보내는 방법으로 제일은행의 소액주주들을 모아 은행 경영진을 상대로 손해배상을 청구하는 다수의 주주대표소송을 제기하였다. 그 결과 참여연대 및 소액주주들은 8건의 소송에서 승소하여 손해배상청구권이 인정되었는데, 그 금액은 2,265억 원에 이르렀다.

이처럼 소액주주운동은 과거에는 시민단체 등이 주도하는 경향이 있었으나, 최근에는 그 양상이 다양하게 나타나고 있다. 소액주주들은 회사의 경영상 이슈가 발생하면, 이에 기하여 배당이나 자사주매입 등을 경영진에 요청하거나 직접 감사위원을 선임하여 경영활동을 감시하고 경영진을 상대로 주주대표소송을 제기하는 등 다양한 방법을 활용하고 있다. 통상적으로 소액주주들은 소수주주권 행사를 위하여 필요한 지분을 확보하면 단체를 설립하고, 내용증명 등을 통하여 '배당 확대, 감사위원 선임 및 교체' 등 기존 경영진에 받아들이기 어려운 내용의 요구를 한다. 경영진이 이에 응하지 않으면, 회계장부 열람등사 청구, 주주명부 열람 청구, 주주대표소송 등 상법상 소수주주권을 행사하여 경영진을 압박한다. 최근에는 소액주주연대가 DB하이텍, 풍산, 한국조선해양의 물적분할을 반대하여 이를 좌절시킨 사례가 있다.

3) 검토

위와 같은 사례에 비추어 보면, 회사의 대주주 지분율이 취약하거나 사회적 비난의 대상이 되는 이슈가 발생할 경우 국내외 기업 및 행동주의 펀드, 소액주주들이 경영권에 개입할 명분을 제공하게 되며, 통상적으로 경영권 참여를 위한 지분 확보와 동시에 이루어지는 법적 조치들에 적절하게 대응하지 못하면, 기업의 중요한 의사결정에 차질이 발생하거나 극단적으로는 기존 경영진이 경영권을 잃게 될 수 있음을 알 수 있다. 게다가 지분 확보를 위한 경쟁이 심화하면 회사의 부실화나 주가 급상승 혹은 급격한 하락을 겪게 되어 회사의 정상적인 경영 및 성장에 위기를 겪고, 경영권 방어에 성공하더라도 계속된 경영권분쟁의 대상이 될 가능성이 높다. 따라서 경영권분쟁을 대비한 사전적인 법적 대비

책 마련과 분쟁이 본격화될 경우 가능한 법적 조치수단을 얼마나 잘 활용하는지에 따라 경영권 방어의 성공 여부가 결정된다.

2. 경영권분쟁의 진행 과정 및 본서의 구성

절 차		내 용	본서 목차
1단계	지분매입 및 계획 단계	시장에서 상장법인의 주식을 은밀하게 매입하며 지분 확보 시도	제 1 장
2단계	주주총회 이전 단계	주주제안권 행사, 회계장부와 주주명부에 대한 열람 및 등사 청구를 통해 이의 제기 및 우호지분 확보 시도	제 2 장 제 3 장 제 4 장
3단계	주주총회 개최 단계	의결권 대리행사 등 의결권 확보를 위한 각종 시도	제 5 장
4단계	주주총회 이후 단계	주주총회 결의의 하자나 위법 사항이 있었음을 주장하며 주주총회결의의 효력을 다투는 민사소송 제기, 주주총회 과정에서 발생한 형사상 쟁점에 대한 고소	제 6 장 제 7 장 제 8 장

경영권분쟁은 경영권을 탈취하기 위한 계획을 수립하며 지분을 매입하는 단계, 주주총회 전 본격적인 경영권분쟁을 격화시키기 위한 법적 조치 단계, 이후 주주총회를 개최하여 주주총회 의사결정에 개입하는 단계, 이후 주주총회가 종료될 경우 주주총회 내용에 따라 사후적인 민형사상 소송을 제기하는 단계 총 4단계로 진행된다. 본서는 위 단계별로 경영권을 방어하는 경영진 입장에서 상대방 측이 취할 것으로 예상되는 법적 조치, 이에 대한 대응방안에 대해서 서술하고 있다. 본 장의 이하에서는 경영권분쟁이 표면에 드러나지 않은 단계에서 경영권을 방어하기 위한 사전적 조치에 대하여 살펴보겠다.

3. 경영권분쟁에 대한 사전적 조치

가. 개요

경영권분쟁 사례는 각 개별 구체적 사정에 따라 그 양상이 다양할 수밖에 없겠으나, 논의를 위하여 유형을 나누어 보면 다음과 같이 '경영진의 교체 및 경영활동 감시'에 초점을 맞춘 경영권분쟁과, 최대주주 지분 확보에 초점을 맞춘 경영권분쟁으로 구분할 수 있다. 각 유형별로, 경영권분쟁이 표면화되지 않은 단계에서 사전적으로 취할 수 있는 조치를 살펴보겠다.

나. 경영진 교체 및 모니터링 시도에 대한 사전적 조치

1) 시차임기제

시차임기제란 사외이사를 포함한 이사들의 임기를 분산시켜 전체 이사가 교체되는 시점을 지연시키는 경영권 방어장치의 일종이다. 이사의 임기만료일을 분산함으로써, 공격자가 회사의 경영권을 단기간에 장악하기 어렵게 된다. 이사의 임기가 같은 날 만료될 경우, 공격자는 발행주식총수의 과반수 이상의 주식을 매수함으로써 이사의 전부를 교체할 수 있으나(이사의 선임은 주주총회 보통결의로 가능), 회사가 시차임기제를 도입할 경우 공격자가 발행주식총수의 3분의 2 이상의 주식을 매수하여야 한다(시차임기제 하에서 일시에 이사 전원을 교체하려면 임기만료일이 미도래한 이사를 해임하여야 하므로, 주주총회 특별결의가 필요하기 때문이다). 적대적 인수합병(M&A)의 경우에도 이사들의 임기가 일정 시간 보장되는만큼 이사진의 일시 퇴임을 방지하는 효과가 있다. 따라서 이사의 임기가 2년이고 사내이사가 총 4명이라면, 4명 중 2명의 임기만료일은 홀수년도에 도래하고 나머지 2명은 짝수년도에 도래하도록 시차

임기제를 설정하는 것이, 4명의 이사를 홀수년도에 모두 임기가 도래
하도록 하는 것보다 경영권 방어에 유리하다.

2) 이사 수 상한 설정

상법은 주식회사의 이사 수에 대한 상한을 정하고 있지 않다(상법
제383조 제1항). 따라서 공격자는 기존 이사를 해임하는 방안 대신 기존
이사보다 더 많은 수의 신규 이사를 선임하는 방법으로 이사회 과반수
를 차지할 수 있다. 이사 선임에 필요한 발행주식총수의 과반수 이상의
주식만 매수함으로써, 이사회 과반수를 차지할 수도 있는 것이다. 반
면, 이사 수에 대한 상한을 정관으로 규정할 경우, 공격자가 새로운 이
사를 선임하려면 기존 이사를 해임하여야 하므로 주주총회 특별결의
를 거쳐야만 한다. 주식회사는 정관을 통하여 전체 이사 수의 상한을
정하거나 혹은 그중 사외이사의 수에 대한 상한을 둘 수 있다. 주식회
사는 이러한 정관 정비를 통하여 공격자의 경영진 교체 시도를 효과적
으로 예방할 수 있다.

3) 초다수결의제도 도입

초다수결의제도는 정관 변경이나 이사 및 감사 해임에 더 많은 지분
이 필요하도록 그 요건을 가중하는 방안을 의미한다. 예를 들어, 상법
에 의하면 정관을 변경하거나 이사 또는 감사를 해임하기 위해서는 주
주총회 특별결의(출석 의결권의 2/3 이상 및 발행주식총수의 1/3 이상)가 필
요하지만, 정관 규정을 통하여 출석 의결권의 90% 이상 및 발행주식
총수의 70% 이상으로 가중하는 것도 가능하다. 특히 이사 또는 감사의
해임에 대한 초다수결의제도는 시차임기제와 이사회 정원 설정과 함께
도입될 경우 더 큰 효과를 발휘할 수 있다.

4) 임원후보추천위원회 설치

회사의 이사회 내 임원후보추천위원회를 구성하여 그 임원후보추천위원회의 추천을 받은 사람을 주주총회에서 이사 및 감사로 선임하게 하여 공격자의 이사 및 감사 선임 시도에 대한 방어장치를 도입하는 방안을 고려해 볼 수 있다. 임원후보추천위원회는 이사회 내 위원회로서 사내이사 1명, 사외이사 1명으로 구성하며, 이사회가 지명하는 명망 있는 외부인사 1~2명으로부터 외부 자문을 받을 수 있도록 하여 임원후보추천위원회의 중립성과 객관성을 담보하고, 이와 더불어 공격자가 소수주주권을 행사하여 추천한 이사 및 감사 후보가 추천되는 것을 차단하는 역할을 할 수 있다. 임원후보추천위원회를 구성하는 경우 별도로 위원회 규정을 제정하는 것이 필요하다.

다. 지분 방어를 위한 사전적 조치

1) Hot Line 개설(우호지분 초빙)

회사는 사전에 국내·외 금융기관 또는 자금력이 있고 영업적 신뢰관계가 있는 거래처 등과 계약을 체결하여 적대적 M&A 발생이 예상되거나 긴급한 경우 언제라도 회사의 주식(자기주식 또는 신주)을 인수해 줄 수 있는 Hot Line을 개설하는 방안을 고려해 볼 수 있다. 이러한 Hot Line 개설과 관련하여서는 회사가 제3자배정 유상증자 등이 가능하도록 정관을 정비하고, 자기주식 취득 등을 통하여 사전에 대상지분을 확보하는 것이 필요하다.

2) 잠재적 우호주주 확보

사전에 주식관련사채(전환사채 또는 신주인수권부사채) 등을 우호주주에게 발행한다면, 경영권분쟁 발생 시 전환권 또는 신주인수권 행사를 통하여 우호주주를 확보할 수 있을 뿐 아니라, 주식관련사채 등을 통하여 잠재적으로 주식수량이 증가될 수 있다는 사실이 시장에 공시됨으로써 경영권분쟁 발생 가능성 자체를 낮출 수 있는 효과가 있다. 그리고 관련 규정상 허용되는 한도내에서 대표이사 등이 콜옵션을 보유하는 것도 고려할 수 있다.

3) 주식의 교차 보유

사전에 우호적인 회사 간 지분을 교차로 보유하여 각각 상대방 회사의 우호주주 역할을 수행함으로써 지배권을 공고히 하는 방안이 있다. 예를 들어, A회사는 B회사의 지분을 보유하고 B회사는 A회사의 지분을 보유함으로써 A회사는 B회사의 주주가 되고 B회사는 A회사의 주주가 되는 것을 생각할 수 있다. 이와 관련하여 주의할 점은 상법상 상호주로 분류되지 않도록 지분의 교차보유 수량이 10%를 초과하지 않도록 하여야 한다는 것이다(상법 제369조 제3항). 만약 주식의 시가총액이 높은 경우, 주식이 아닌 신주인수권을 교차보유함으로써 자금부담을 완화할 수 있다.

4) (벤처기업인 경우) 복수의결권 제도 도입

「벤처기업육성에 관한 특별조치법」(이하 '벤처기업법') 개정안이 2023. 4. 27. 국회 본 회의에 의결되어 복수의결권 제도가 2023. 11. 17.부터 시행될 예정이다. 주식회사인 벤처기업은 일정한 요건을 갖춘 경우 존속기간을 10년 이내의 범위에서 정관으로 정하는 바에 따라 주주총회의 결의로 복수의 의결권(주당 1개 초과 최대 10개의 의결권)이 있는 주식을 발행할 수 있다(벤처기업법 제16조의11). 복수의결권 주식은 창업주(벤처기업 설립 당시 발기인으로서 주주총회에서 선임되고 발행 당시 회사 상무에 종사하는 이사로서 가장 나중의 투자를 받기 전까지 30% 이상 지분을 보유한 최대주주)에게 발행한다. 이로써 벤처기업의 창업주는 대규모의 투자 유치로 인하여 지분이 희석되는 것을 방지할 수 있게 된다. 다만, 이사의 보수나 회사에 대한 이사의 책임 감면 등의 사항에 관하여는 1개의 의결권만 행사할 수 있도록 의결권의 행사가 제한되고, 창업주가 이사의 직을 상실하거나 복수의결권 주식을 제3자에게 상속 또는 양도하는 경우에는 복수의결권주식이 보통주식으로 전환된다.

제2장

소수주주의
주주제안,
주주총회
소집허가신청에
대한 조치

I / 주주제안권 행사와 관련한 실무상 쟁점 분석

1. 주주제안권의 의미와 근거 법령

가. 주주제안의 의미

주주총회의 소집은 원칙적으로 이사회의 권한이다(상법 제362조). 이사회는 주주총회 소집통지에 회의의 목적사항(이른바 '의제')을 기재한다(상법 제363조 제2항, 제1항). 주주총회에서는 기재된 목적사항에 한하여 결의할 수 있는 것이 원칙이다. 즉, 이사회에게 주주총회를 소집하고 의제를 설정할 권한이 있는 것이다.

주주총회는 주주의 의사가 반영되는 중요한 통로인데, 이사회에게 주요 권한이 있으므로 주주 입장에서 주주총회를 소집해야 할 필요성이 있음에도 불구하고 소집이 미루어져 의사형성이 불가능하거나, 원하는 제안을 논의할 기회를 갖지 못할 수 있다.

이에 상법은 주주의 권리를 보장하기 위해 주주제안권과 주주총회 소집청구권을 인정하고 있다. 주주는 주주제안을 통해 일정한 사항을 주주총회의 목적사항으로 할 것을 제안할 수 있고(상법 제363조의2), 법원의 허가를 받아 주주총회를 소집할 수 있는 권한을 부여받을 수 있다(상법 제366조).

나. 상법 제363조의2 제1항 및 제2항

의결권 없는 주식을 제외한 발행주식총수의 3% 이상 주식을 가진 주주는 이사에게 주주총회일의 6주 전에 서면 또는 전자문서로 일정한 사항을 주주총회의 목적사항으로 할 것을 제안할 수 있다.

위 주주는 이사에게 주주총회일의 6주 전에 서면 또는 전자문서로 회의의 목적으로 할 사항에 추가하여 해당 주주가 제출하는 의안의 요령(결의할 사항의 주된 내용)을 주주총회의 통지와 공고에 기재할 것을 청구할 수 있다.

다. 상법 제542조의6 제2항:[1] 상장회사에 대한 특례

상장회사의 경우 6개월 계속 보유요건이 추가되고, 지분요건이 10/1,000으로 완화된다. 최근 사업연도 말 현재의 자본금이 1천억 원 이상인 상장회사의 경우 지분요건은 5/1,000이 요구된다(상법 시행령 제32조).

다만 2.에서 살피는 바와 같이 상장회사의 주주가 6개월 이상 보유 기간을 만족하지 못한 경우라 하더라도 일반조항에 따른 소수주주권의 행사요건인 3% 이상 주식을 보유한 경우 권리를 행사할 수 있게 되었다.

---

1   **상법 제542조의6(소수주주권)** ② 6개월 전부터 계속하여 상장회사의 의결권 없는 주식을 제외한 발행주식총수의 1,000분의 10(대통령령으로 정하는 상장회사(최근 사업연도 말 현재의 자본금이 1천억 원 이상인 상장회사)의 경우에는 1,000분의 5) 이상에 해당하는 주식을 보유한 자는 제363조의2(제542조에서 준용하는 경우를 포함한다)에 따른 주주의 권리를 행사할 수 있다.
같은 법 시행령 제32조(소수주주권 행사요건 완화대상 회사) 법 제542조의6 제2항부터 제5항까지의 규정에서 "대통령령으로 정하는 상장회사"란 최근 사업연도 말 현재의 자본금이 1천억 원 이상인 상장회사를 말한다.

라. 「금융회사의 지배구조에 관한 법률」 제33조 제1항:[2] 지분요건 추가 완화

금융회사의 경우 6개월 계속 보유요건이 추가되고, 지분요건이 10/10,000으로 완화된다.

2. 주주제안권 행사에 필요한 주식 보유요건 관련 쟁점

가. 상법 제363조의2 제1항과 제542조의6 제2항의 관계

1) 주주제안권을 행사할 수 있는 주주의 자격에 관한 문제는 주주제안권에 국한되지 않고, 상법상 소수주주권 행사의 요건을 검토함에 있어 일반적으로 발생하는 문제이다.

2) 상법은 2009. 1. 30. 제13절 상장회사에 대한 특례를 만들면서 상법 제542조의2부터 제542조의13을 신설하였다. 그 결과 상장회사의 소수주주의 경우, (i) 상장회사 특례조항상 6개월 이상 보유기간요건을 충족하지 못하더라도 일반조항인 상법 제366조 제1항에서 요구하는 지분율을 갖추었다면 주주총회 소집을 청구할 수 있다고 볼 것인지 (이른바 '선택적 적용설'), (ii) 상장회사 특례조항이 일반조항의 적용을 배

---

2 「금융회사의 지배구조에 관한 법률」 제33조(소수주주권) ① 6개월 전부터 계속하여 금융회사의 의결권 있는 발행주식 총수의 1만분의 10 이상에 해당하는 주식을 대통령령으로 정하는 바에 따라 보유한 자는 「상법」 제363조의2에 따른 주주의 권리를 행사할 수 있다.
같은 법 시행령 제28조(소수주주권의 행사) ① 다음 각 호의 어느 하나의 방법으로 주식을 보유한 자는 법 제33조 제1항부터 제6항까지의 규정에 따른 주주의 권리를 행사할 수 있다.
1. 주식의 소유
2. 주주권 행사에 관한 위임장의 취득
3. 주주 2인 이상의 주주권 공동행사

제하므로(상법 제542조의2 제2항 "이 절은 이 장 다른 절에 우선하여 적용한다.")
6개월 이상 보유기간요건을 반드시 충족하여야 한다고 볼 것인지(이른
바 '배타적 적용설')가 문제되었다.

구 증권거래법 시절 대법원은 "증권거래법상 상장회사 특례조항의
취지는 상장법인의 소수주주권의 행사를 용이하게 하는 것에 있으므로
증권거래법상 특례조항이 상법상 일반조항의 적용을 배제하는 특별법
에 해당한다고 볼 수 없고 상장회사의 주주는 증권거래법상 주식보유
기간요건을 갖추지 못한 경우라 할지라도 상법상 지분요건을 구비한
이상 주주총회 소집청구권을 행사할 수 있다"는 입장을 취하였다(선택
적 적용설, 대법원 2004. 12. 10. 선고 2003다41715 판결).

그러나 2009. 1. 30. 상법 개정으로 상법 제13절(상장회사에 대한 특
례)가 다른 절에 우선하여 적용된다는 규정(상법 제542조의2 제2항)이 신
설됨에 따라 상법상 상장회사 특례조항과 일반조항 간의 관계에 대해
서도 위 대법원 판결과 동일한 취지로 해석할 수 있는지에 대해서 논란
이 있었고, 하급심 판결도 서로 결론이 엇갈렸다.

3) 2020. 12. 9. 개정 상법이 상장회사의 주주가 상장회사 특례규정
에 따른 소수주주권과 일반규정에 따른 소수주주권을 선택적으로 행사
할 수 있도록 정함에 따라 이와 같은 논란은 종식되었다.

개정 상법은 제542조의6 제10항에서 "제1항부터 제7항까지는 제
542조의2 제2항에도 불구하고 이 장의 다른 절에 따른 소수주주권의
행사에 영향을 미치지 아니한다."고 규정을 신설하여, 명문으로 상장회
사 특례규정에 따른 소수주주권과 일반규정에 따른 소수주주권이 선택
적 적용사항임을 확인하였다.

즉, 상장회사의 주주가 6개월 이상 보유 기간을 만족하지 못한 경우
라 하더라도 일반조항에 따른 소수주주권의 행사요건인 3% 이상 주식

을 보유한 경우 권리를 행사할 수 있게 되었다.

나. 주식 보유 증명의 문제

1) 주주는 주주제안권 행사에 필요한 주식 보유요건을 갖추었음을 증명하기 위해 소유자증명서, 소유내용통지, 잔고증명서 등을 제출할 수 있다.

2) 소수주주권을 행사하려는 주주는 주주확인제도의 하나로 소유자증명서제도를 이용할 수 있다. 이 경우 소수주주가 자신의 권리를 행사하기 위해서는 계좌관리기관을 통해 전자등록기관에 소유자증명서의 발행을 신청하여야 한다[「주식, 사채 등의 전자등록에 관한 법률」(이하 '전자증권법') 제39조].

3) 소유내용의 통지제도는 소유자의 신청에 의하여 전자등록기관이 소유자의 전자등록주식등에 대한 소유내용을 발행인등에게 통지하는 제도이다. 소유내용의 통지는 문서가 없는 것을 제외하고는 소유자증명서와 동일한 기능을 하며 전자등록주식등 소유자의 원활한 권리행사를 지원하기 위하여 소유자증명서와 병행하여 도입되었다. 이 경우에도 전자등록주식등의 소유자는 계좌관리기관을 통해 자신의 전자등록주식등에 대한 소유내용(보유주식, 보유기간, 소유내용통지의 효력존속기간)을 발행인등에게 통지하여 줄 것을 신청할 수 있다(전자증권법 제40조).

4) 소유자증명서, 소유내용통지는 전자증권법에서 발급일자 이후 처분을 제한하고 있으므로 발급 이후 실제 주주제안 시점 및 그 이후 주주총회까지의 지분 보유사실이 증명된다. 그러나 증권회사가 발급한 잔고증명서는 발급 이후 처분이 가능하여 실제 주주제안 시점 및 그 이후 주주총회까지 지분 보유사실이 증명되지 않는다고 볼 여지가 있다. 주주가 잔고증명서만 제출한 경우, 회사는 위와 같은 이유로 소유자증

명서를 제출할 것을 요구할 수 있다.

다. 상장회사 소수주주의 요건에서 말하는 '계속보유'의 의미

6개월의 보유기간 중 일시적으로라도 법정지분율을 충족하지 못한 경우에는 상법상의 계속보유요건을 갖추지 못한 것으로 보아야 한다.

의안상정 가처분 신청이 법원에 제기된 때에도 주주제안권을 행사한 주주가 계속보유요건을 포함한 지주요건의 충족사실을 소명하지 못한다면, 회사로서는 그 점을 들어 주주제안권 행사의 적법성을 적극 다툴 수 있다.

라. 주주제안권 행사 이후 주주가 언제까지 주식 보유요건을 유지하여야 하는지

원칙적으로 주주총회 기준일 또는 주주총회에서 의결권을 행사할 수 있는 사람이 확정되는 시점인 주주명부 폐쇄기간의 초일 또는 기준일까지만 주식 보유요건을 유지하는 것으로 족하다.

다만 그 주주총회에서 의결권을 행사할 주주를 확정하는 별도의 기준일이나 주주명부 폐쇄일이 정해진 바 없다면, 그 주주총회에서 해당의안이 결의되는 시점까지 주식 보유요건을 그대로 충족하여야 할 것이다.

3. 주주제안권의 행사방법 및 절차 관련 쟁점

가. '주주총회일 6주 전'의 기간 계산

1) 주주제안권을 행사하는 주주는 그 주주총회일의 6주 전까지 의제나 의안에 관한 제안서를 제출하여야 한다(상법 제363조의2 제1항).

정기주주총회의 경우 해당 연도 정기주주총회일이 아닌 "직전 연도의 정기주주총회일에 해당하는 그 해의 해당일"을 기준으로 6주 전에 주주제안권을 행사해야 함에 유의해야 한다.

'6주 전'의 계산방식은 상법상 달리 정함이 없으므로 민법상 의사표시 효력발생 시기에 관한 도달주의 원칙(제111조 제1항) 및 초일불산입의 원칙(제157조 본문)에 따라 제안권 행사일과 주주총회 개최일을 산입하지 않아야 한다.

2) 이사회가 결정한 주주총회의 소집은 주주에게 2주 전에 통지되므로 회사의 협조가 없으면 주주가 6주 전에 미리 주주총회의 소집사실을 아는 것은 매우 어려울 것이다.

실무상 주주제안서면에서 "별지 기재 의안을 귀사가 최초로 소집하는 임시주주총회 또는 정기주주총회의 목적사항"으로 할 것을 제안한다고 기재함으로써 6주 전 요건을 충족하지 못할 경우 6주 이후에 열리는 차기의 주주총회에서라도 다루어 달라는 의미로 제안을 한다.

나. 서면 또는 전자문서에 의한 행사

이메일로 주주제안을 하는 것도 상법상 적법하나, 도달 여부·시점에 관한 분쟁가능성을 고려하여 내용증명우편 등 서면발송을 함께 하는 것이 일반적이다.

다. 주주제안서의 수신인(행사의 상대방)

주주제안 상대방은 '이사'이므로(상법 제363조의2 제1항) 반드시 대표이사를 수신인으로 할 필요는 없다. 실무상 '주식회사 ○○○(이사회)', '○○○이사님(이사회)' 등과 같은 문구가 다양하게 사용되고 있다.

주주제안을 받은 이사는 이를 이사회에 보고해야 한다(상법 제363조의2 제3항).

4. 주주제안의 법정 거부사유 관련 쟁점

가. 주주제안의 법정 거부사유

1) 주주제안의 내용이 법령 또는 정관을 위반하는 경우, 상법 시행령 제12조가 열거한 5가지 제한사유에 해당하는 경우 주주제안을 거부할 수 있다(상법 제363조의2 제3항).

상법 시행령 제12조는 ① 주주총회에서 의결권의 100분의 10 미만의 찬성밖에 얻지 못하여 부결된 내용과 같은 내용의 의안을 부결된 날부터 3년 내에 다시 제안하는 경우, ② 주주 개인의 고충에 관한 사항인 경우, ③ 주주가 권리를 행사하기 위하여 일정 비율을 초과하는 주식을 보유해야 하는 소수주주권에 관한 사항인 경우, ④ 임기 중에 있는 상장회사 임원의 해임에 관한 사항인 경우(상법 제542조의2 제1항에 따른 상장회사에 한정), ⑤ 회사가 실현할 수 없는 사항 또는 제안 이유가 명백히 거짓이거나 특정인의 명예를 훼손하는 사항인 경우에 주주제안을 거부할 수 있다고 정하고 있다.

위 ④에 따라 비상장회사 임원의 해임에 대해서는 주주제안이 가능하다. 상장회사에서 임기 중인 임원을 해임하기 위해서는 임시주주총회 소집을 청구해야 한다. 이에 관하여 상장회사의 경우에도 소수주주의 이사해임청구권이 인정되는데 굳이 상장회사 임원의 해임에 관한 사항을 주주제안 거부사유로 규정한 것은 위임의 범위를 벗어난 것이라거나 비상장회사의 임원과 비교하여 평등의 원칙에 반한다는 이유로 비판하는 견해가 있다.

상법상 주주제안 거부사유는 주주제안권의 명백한 남용을 방지하기 위한 예외적 규정으로 마련된 것이므로 그 남용의 위험이 명백하지 않은 한 소수주주 주주제안권의 폭넓은 실현을 위해 엄격하게 해석되어야 한다는 견해가 일반적이다(서울북부지방법원 2007. 2. 28.자 2007카합 215 결정).[3] 따라서 정관에서 주주제안 거부사유를 규정하는 경우에도 이를 무제한적으로 적용하는 것은 허용되지 않고, 소수주주의 주주제 안권을 침해하지 않는 한도에서 적용되어야 한다.

2) 다만, 다음의 경우는 주주제안을 거부할 수 있을 것이다.

주주총회의 권한사항이 아닌 사항의 제안, 회사의 사업내용과 전혀 관련이 없거나 회사의 이익을 해하는 제안, 회사가 이미 시행하고 있 는 사항에 대한 제안, 합병·분할과 같이 회사의 중대한 구조변경을 초 래하는 제안,[4] 주주총회의 운영을 방해하기 위한 제안 등이 해석상 거 부사유에 해당한다.

주주가 단순히 의제만 제안하고 구체적인 의안을 제출하지 않으면 의제만으로는 주주총회 결의대상이 될 수 없으므로 회사가 주주제안을 거부할 수 있다.[5] 이 경우 해당 주주총회에서 성립한 다른 결의에는 아 무런 하자가 없고, 주주제안 부당거부 문제도 발생하지 않는다.

---

3 "증권거래법 제191조의14 제3항 및 같은 법 시행령 제84조의21 제3항 각 호의 주 주제안 거부사유들은 주주제안권의 명백한 남용을 방지하기 위한 예외적 규정으로 마련된 것이므로, 그 남용의 위험이 명백하지 않은 한 소수주주의 주주제안권의 폭 넓은 실현을 위하여 그 사유들은 엄격하게 해석되어야 하고, 특히 추상적인 일반규 정이라고 할 수 있는 '주주총회의 의안으로 상정할 실익이 없거나 부적합한 사항'에 대하여는 이사회의 재량판단의 남용을 막기 위해 더욱 엄격한 해석이 요청된다."

4 구 증권거래법 시행령 제84조의21 제3항 제4호는 "합병·분할·분할합병·영업양수 또는 양도 및 제3자에 대한 신주발행에 관한 사항"을 주주제안 거부사유로 규정하였 으나, 2000. 3. 개정 시 삭제되었다. 이는 회사의 중대한 구조변경사유가 소수주주 의 주주제안 대상으로서 부적절하기 때문에 삭제한 것이다.

5 이러한 경우 피보전권리에 대한 소명 부족을 이유로 의안상정 가처분 신청을 기각한 사례가 있다(서울중앙지방법원 2007. 3. 26.자 2007카합785결정).

나. 이익배당에 관한 주주제안과 배당가능이익의 문제

주주제안의 안건으로 배당에 관한 내용이 포함되는 경우가 많다. 주주가 특정 금액의 현금배당 안건을 주주제안한 경우, 회사에 배당가능이익 발생 가능성이 없음이 명백한 사안이라면, 회사가 상법 제462조 위반 또는 '회사가 실현할 수 없는 사항'이라는 이유로 거부할 수 있을 것이다.

다. 제안이유가 명백히 거짓인 사항인 경우에 해당하는지 문제된 사례

상장회사 주주가 특정 후보자를 이사로 선임하여 달라고 제안하면서 그 후보자 약력에 A 회사의 대표이사로 재직하였다고 거짓 기재한 사안에서, 해당 사실만으로 주주제안 자체를 거짓이라고 볼 수 없다고 판단한 하급심 결정이 존재한다(수원지방법원 성남지원 2016. 2. 24.자 2016카합50017 결정).

그러나 경력·학력의 허위기재가 주주들의 의사를 왜곡시킬 수 있을 정도로 중대한지, 사실과 달리 기재된 경위나 동기 등을 두루 살펴서 전체 주주제안을 정당한 제안으로 인정하기 어려운 사안이라면 '제안이유가 명백히 거짓인 사항인 경우'로 보아 주주제안을 거부할 수 있다고 해석함이 타당하다.

5. 이사 또는 감사 선임에 관한 주주제안에서 발생하는 쟁점

가. 이사의 종류를 구분하지 아니한 주주제안의 적법성

이사 선임의 건을 주주제안하는 경우 주주는 그 이사를 사내이사·사외이사·기타 비상무이사 중 어느 하나로 특정하여 제안해야 한다.

그렇지 않은 경우 회사가 임의로 '이 후보는 사내이사로, 이 후보는 사외이사로' 정하여 의안으로 상정할 수 없다.

나. 상장회사에 이사(감사) 선임을 제안하며 총회 6주 전까지 후보자에 관한 사항을 제출하지 않은 주주제안의 적법성

주주가 상장회사에 주주총회 6주 전까지 이사·감사 선임의 건을 주주제안하면서, 후보자에 관한 사항은 위 6주 전까지의 기간을 경과하여 제출하여 주주총회 소집통지(또는 공고)에 후보자에 관한 사항이 기재되지 않은 경우, 해당 안건이 그 주주총회에 상정될 수 없다고 판단한 하급심 결정이 있다(서울중앙지방법원 2007. 3. 26.자 2007카합785 결정).

다. 의안 상정의 순서 관련

1) 이사 선임 의제에 대해서 회사의 의안과 내용을 달리하는 주주제안이 있을 경우, 회사가 추천한 후보자에 대한 선임 안건을 먼저 처리할 수 있는지 문제된다.

2) 상법 제368조, 제382조에 의하면 주식회사 이사의 선임은 이사 후보자별로 이사 선임 여부를 결정하는 것이 원칙이다. 즉 이사 후보자별로 별개의 의안을 구성하고, 각 의안별로 상법 제368조 제1항에 따라서 출석한 주주의 의결권의 과반수와 발행주식총수의 4분의 1 이상의 찬성 의결을 얻은 경우에 이사 선임의 의안이 가결되게 된다. 이를 단순투표제라고 한다.

단순투표제를 통하여 이사를 선출하는 경우에는 각 후보자별로 별개의 의안을 구성하므로 주주제안 안건도 별개의 의안으로 보아 회사가 제안한 이사 후보자 안건에 추가하여 각각 의결정족수 충족 여부를 판단하여 선임 여부를 결정하면 된다.

다만 복수의 이사 후보자에 대한 선임 의안 전체에 대해서 출석한 주주의 의결권의 과반수와 발행주식총수의 4분의 1 이상의 찬성이 전제되는 경우에는 각 후보자별 선임 의안을 일괄하여 표결하는 것도 가능하다.

3) 주주총회에 상정된 의안의 처리순서를 정하는 것은 기본적으로 이사회의 권한이므로, 별도의 위법이 없는 한 이사회가 추천한 이사후보자 선임안을 먼저 처리하였다는 이유만으로는 주주총회 결의에 하자가 있다고 볼 수 없다.

다만, 소집통지에서 정한 선임할 이사의 수보다 더 많은 후보자를 이사로 선임할 수는 없으므로 모든 후보자를 이사로 선임하는 것은 불가능하다고 보아 원래 소집통지된 이사의 수만 선임하는 것으로 처리하는 경우가 많다. 이러한 실무에 따르면 순차로 투표하는 경우 나중에 표결되는 후보자는 이사 선임의 기회 자체를 갖지 못할 수도 있기 때문에, 후보자간 투표순서에 대하여 불만을 가지거나, 일괄표결로 진행하는 경우에도 사후적으로 절차상 하자를 주장하는 주주가 있을 수 있다. 따라서 표결 전에 의장이 특정한 선임방식에 의하여 이사를 선임한다는 내용의 의안을 먼저 상정하여 가결된 후 이사선임결의를 하는 것이 바람직하다.

회사가 추천한 후보자 수와 주주제안을 통한 후보자 수에 현재 계속하여 재직하는 이사 수를 더한 경우 정관상의 이사 정원을 초과하게 되는 경우에는 이에 대한 조정이 필요할 것이다. 모든 후보자가 의결정족수를 충족하는 주주들의 찬성 의결을 받게 되는 경우에는 정관상의 정원을 초과하는 이사를 선임하게 되어서 정관 위반의 문제가 생기기 때문이다. 실무적으로는 소수주주가 정관상의 이사 정원을 초과하는 이사 선임을 제안하는 주주제안을 하는 경우에는 정관 변경 안건도 같이 상정하는 경우가 많지만, 이는 주주총회 특별결의가 요구되므로 정관 변경 안건이 가결되지 않는 경우에는 모든 후보자가 의결정족수를 충족하는 찬성의결을 얻은 경우 어느 후보자를 이사로 선출할 것인지에 대한 결정이 필요하다.

라. 속행된 주주총회에서 당초 주주제안의 효력이 유지되는지

먼저 개최한 주주총회와 그 연기회(계속회) 사이에는 동일성이 있으므로, 먼저 개최한 주주총회에서 주주제안 안건이 아예 처리되지 않았다면 당연히 계속회에 주주제안 안건이 상정되어야 한다.

다만 이미 처리 완료된 안건을 속행된 주주총회에 재상정할 수는 없다. 동일 취지의 하급심 결정이 존재한다(서울중앙지방법원 2010. 3. 25.자 2010카합772 결정).

6. 주주제안권 행사의 부당거절에 대한 제재 또는 주주의 구제수단 개관

가. 과태료(상법 제635조 제1항 제21호)

회사의 이사 등이 주주제안권 행사로 제안된 사항을 주주총회 목적사항으로 하지 않는 경우 500만 원 이하의 과태료가 부과된다.

나. 손해배상청구(상법 제401조)

주주는 적법한 주주제안을 거부한 이사에게 손해배상을 청구할 수 있으나, 손해액의 계산이나 증명이 실무상 용이하지 않아 현실적으로 유효·적절한 구제수단이 되지는 못한다.

다. 주주총회 결의취소의 소(상법 제376조)

1) 주주가 단순히 의제만 제안하고 구체적인 의안을 제출하지 않으면 의제만으로는 주주총회 결의대상이 될 수 없으므로 회사가 주주제안을 거부할 수 있다. 따라서 해당 주주총회에서 성립한 다른 결의에는 아무런 하자가 없고, 주주제안 부당거부 문제도 발생하지 않는다.

2) 주주가 의안을 제안하였으나 거부당하고, 제안한 의안에 대응하

는 회사 측의 의안도 가결되지 않은 경우, 해당 주주총회의 다른 결의에는 주주제안권 침해로 인한 하자가 있다고 할 수 없다. 이처럼 주주제안권 침해를 인정하면서도 주주가 제안한 의안에 대응하는 의안이 아닌, 다른 의안에 대한 결의취소를 구할 수 없다는 판결이 있다(서울고등법원 2015. 8. 28. 선고 2015나2019092 판결).

3) 주주제안에 대응하는 회사 측 의안이 가결된 경우에는 결의취소의 소가 인용될 수 있다. 예를 들어 소수주주가 이사 1인 선임의 건을 제안하였는데, 이사회가 추천하는 이사후보의 선임안만 상정하여 가결시킨 경우는 회사가 적법한 주주제안을 받아들이지 아니한 채 주주총회에서 주주제안 의안과 상충되는 결의를 한 경우에 해당한다. 이는 결의방법이 법령을 위반한 것이므로 주주총회 결의취소사유가 된다.

4) 회사가 주주제안권자의 의안의 요령 기재청구를 거부하거나 주주제안을 한 사람에게 주주총회에서 해당 의안을 설명할 기회를 부여하지 않았고, 이에 대응하는 회사 측의 의안이 가결된 경우 그 결의는 결의방법이 법령에 위반한 것으로 결의취소의 소의 대상이 된다.

라. 의안상정 가처분 등(민사집행법 제300조 제2항)

회사가 적법한 주주제안을 수용하지 않는 경우 임시의 지위를 정하는 가처분의 형태로 (i) 의안상정 가처분, (ii) 주주총회 개최금지 가처분, (iii) 주주총회 결의금지 가처분이 실무상 신청되고 있으며, (i) 의안상정 가처분이 실무상 가장 많이 사용되고 있다.

7. 주주제안권 침해의 사전적 구제책: 의안상정 가처분

가. 의안상정 가처분 개관

의안상정 가처분은 주주제안권 실현을 위한 사전적 구제수단에 해당한다.

회사가 주주제안을 무시하고 주주총회 소집절차를 밟는 경우, 주주제안을 거부당한 주주가 임시주주총회 소집청구를 하지 아니하더라도, 주주제안권 자체의 실현을 위하여 거부당한 의안을 주주총회의 목적사항으로 상정시키는 형태의 가처분을 신청하는 것이 허용된다(서울북부지방법원 2007. 2. 28.자 2007카합215 결정 등).

통상 실무상으로는 의안상정 가처분 신청 시 상법 제363조의2 제2항과 같이 의안의 요령을 주주총회 소집통지에 기재할 것도 함께 신청한다.[6] 주주는 회사가 주주제안을 거부하는 경우를 염두에 두고 주주제안과 동시에 의안상정 가처분을 신청하기도 한다.

나. 채무자(피신청인) 적격

실무상 대부분의 의안상정 가처분은 회사를 상대로 신청되고 있다. 법원은 피신청인이 이사라는 항변에 관하여 주주제안을 거부당한 주주가 신청한 의안상정 가처분의 본안소송은 회사가 소집한 당해 주주총회의 효력을 다투거나 의안상정을 구하는 소가 되고, 따라서 그 피고적격자는 주주제안을 의안으로 상정하는 것에 반대한 개별 이사가

---

6 1. 채무자는 2023. 3. 개최예정인 2022 사업연도에 관한 채무자 정기주주총회(속회, 연회 포함)에서 별지1 기재 의안을 상정하여야 한다.
  2. 채무자는 위 정기주주총회일 2주 전에 주주들에게 제1항 기재 의안을 기재하여 위 정기주주총회의 소집통지 또는 이에 갈음하는 공고를 하여야 한다.
  3. 신청비용은 채무자가 부담한다.

아니라 회사가 된다고 판시하였다(서울북부지방법원 2007. 2. 28.자 2007
카합215 결정).

다만, 주주제안을 부당하게 거부당한 주주는 본안소송에서 승소하
더라도 주주가 직접 주주총회에서 의안을 상정할 수 없다는 점 및 의안
상정 가처분의 피신청인 적격에 관하여 아직 판례나 학설이 확립되지
않았다는 점을 고려하면, 위험부담을 덜기 위하여 주주총회에서 직접
의안을 상정하는 대표이사도 피신청인으로 포함시킬 수 있다.

참고로 대표이사 개인과 회사 모두를 상대로 의안상정 가처분을 신
청한 사안에서 법원이 대표이사에 대한 신청부분을 각하한 사례가 있
다(서울중앙지방법원 2015. 3. 2.자 2015카합80032 결정).

다. 보전의 필요성

1) 의안상정 가처분은 임시의 지위를 정하기 위한 가처분의 일종이
므로, 그 보전의 필요성은 해당 가처분 신청의 인용 여부에 따른 당사자
쌍방의 이해득실관계, 본안소송의 승패의 예상, 기타 여러 사정을 고려
하여 법원의 재량에 따라 합목적적으로 판단하여야 한다.[7]

---

7 의안상정 가처분 신청이 최초로 인용된 서울북부지방법원 2007. 2. 8.자 2007카합
   215 결정에서, 법원은 의안상정 가처분의 보전의 필요성에 관하여 아래와 같이 판
   단하였다.
   "(i) 피신청인(회사)이 이 사건 의안을 주주총회에 상정함으로써 별다른 불이익이 없
   는 반면, 신청인(제안주주)들로서는 이 사건 주주제안 등이 거부됨으로써 법률상 보
   장된 신청인들의 주주제안권의 행사가 원천적으로 봉쇄될 위기에 있는 점, (ii) (이
   사건 가처분 신청이 기각되더라도 신청인들이 추후) 임시주주총회 소집청구절차를
   취하는 것이 가능하다는 이유로 주주제안권 침해 상태가 해소되는 것은 아니라는
   점, (iii) 비록 피신청인이 이미 이 사건 결의를 하고 그에 따른 소집통지와 공고를 마
   쳤다고 해도 이 사건 주주총회 14일 전인 2007년 2월 28일까지 이 사건 의안의 요
   령을 기재한 소집통고와 공고를 하면 이 사건 의안을 이 사건 주주총회의 목적사항
   으로 상정할 수 있는 점(시간이 촉박하여 소집통지기간을 준수하지 못할 때에는 주

실제로 의안상정 가처분에서 피보전권리가 인정되는 이상 보전의 필요성 유무가 사건의 결론에 영향을 미칠 정도로 크게 다투어지는 경우는 거의 없다.

2) 다만 주주총회 개최에 필요한 소집통지기간 부족 문제가 발생하는 경우에는 예외적으로 약간의 논란이 있다.

의안상정 가처분 신청은 대상 주주총회의 소집통지 및 공고의 기한인 총회일 2주 전에 임박하여 제기하면 재판부가 특별히 심리를 서둘러 그 기한 전에 결정을 내리지 않는 한 보전의 필요성이 인정되지 아니하여 기각될 가능성이 높다.

주주총회를 소집할 때에는 주주총회일의 2주 전에 서면으로 통지를 발송하여야 하므로(상법 제363조 제1항 본문) 의안상정 가처분은 최소한 주주총회일의 2주 전에 발령될 수 있어야만 그 실익(즉 보전의 필요성)이 있다.

하급심 결정례들도 소수주주가 주주총회 개최 예정일로부터 2주가 채 남지 않은 시점 또는 이에 임박한 시기에 법원에 의안상정 가처분 신청을 제기한 경우, 주주총회 개최일자를 변경하여서라도 해당 의안을 상정하라고 채무자 회사에 명할 수 없는 사정을 고려하여, 채권자는 그 신청을 통하여 달성하고자 하는 목적을 이룰 수 없으므로 보전의 필요성이 부족하다며 기각결정을 하는 추세이다.

3) 예비적 신청취지를 추가하는 경우도 실무상 찾아볼 수 있다.

주총회 개최일자를 변경할 수도 있을 것이다), (iv) 이 사건 의안의 상정을 위해 새로운 임시주주총회를 개최하는 것보다는 기왕 개최하기로 한 주주총회의 목적사항에 이 사건 의안을 추가하는 것이 피신청인 회사의 비용, 절차의 효율성의 측면에서도 더욱 타당하다는 점 등을 고려하면, 이 사건 가처분을 명하여야 할 보전의 필요성도 인정할 수 있다.”

실무상 채무자가 채권자의 주주제안을 수용하지 아니한 채 소집통지 및 공고를 하게 되면 해당 주주총회의 개최 자체를 금지하여 달라는 내용으로 예비적 신청취지를 미리 추가해 두는 경우도 있다.

그러나 주주제안을 거부한 채 개최되는 주주총회의 의안이 주주가 제안한 의안에 대응하는 것이 아닌 경우(의제 제안 자체를 거부한 경우) 주주총회의 개최금지를 구하는 가처분은 피보전권리와 보전의 필요성이 인정되지 않는다.

라. 집행방법과 가처분명령 위반의 효력

회사를 채무자로 발령되는 의안상정 가처분은 부대체적 작위의무의 이행을 명하는 가처분이므로, 이론상 간접강제(민사집행법 제261조)의 방법으로 그 의무 이행을 강제할 수 있다.

그러나 실무상 가처분 발령과 동시에 간접강제 결정이 내려지는 경우가 드물어 간접강제를 실효성 있는 수단으로 보기는 어렵다.

한편 법원이 의안상정 가처분결정을 하였음에도 불구하고 회사가 정당한 사유 없이 그 의무를 이행하지 아니한 경우, 회사의 대표이사는 구속력 있는 법원의 명령을 위반하였으므로, 그 자체로 이사해임의 소의 사유가 되는 '중대한 법령 위반'에 해당한다는 견해가 있다.

8. 주주제안권과 임시주주총회 소집청구권의 관계

주주제안권과 임시주주총회 소집청구권은 특정 의안을 주주총회에 상정해줄 것을 구하는 권리라는 점에서 본질에 있어 공통점이 존재한다.

주주제안권과 임시주주총회 소집청구권은 그 행사요건과 내용 등을 달리하고 있는 별개의 권리로 소수주주는 양 권리를 선택적으로 행사할 수 있다. 주주제안을 거부당한 주주가 반드시 임시주주총회 소집청구절차를 그 구제절차로 거쳐야 하는 것은 아니므로 임시주주총회 소집청구를 하지 아니한 채 의안상정 가처분을 신청할 수 있다(서울북부지방법원 2007. 2. 28.자 2007카합215 결정).

다만, 임시주주총회 소집청구를 통하여 주주총회 상정을 요구해온 의안을 가지고 주주제안을 할 때는 대상 주주총회의 6주 전에 별도의 주주제안서가 회사에 도달하도록 하여야 하고, 그 이전에 보낸 임시주주총회 소집청구서로 이를 갈음할 수는 없다.

Ⅱ / 소수주주에 의한 주주총회 소집절차의 실무상 쟁점

1. 개관

주주총회는 이사회가 그 소집을 결정하고, 대표이사가 이를 집행하는 것이 원칙이다. 상법 제362조가 이사회에 주주총회 소집권을 부여하고 있으므로 상법에 의하여 별도로 소집권이 부여되는 경우 외에는 정관의 규정으로도 이사회의 소집권을 배제할 수 없다.

다만, 상법은 소수주주의 이익을 보호하고 다수결의 원칙에 의한 지배주주의 횡포를 견제하기 위하여 소수주주에게 임시주주총회를 소집하여 자신이 제안한 안건을 총회의 결의에 부의할 수 있는 기회를 부여한다.

상법상 (i) 발행주식총수의 100분의 3 이상에 해당하는 주식을 가진 소수주주 또는 상장회사의 경우 6개월 전부터 계속하여 상장회사

발행주식총수의 1,000분의 15 이상에 해당하는 주식을 보유한 소수주주가[8] (ii) 회의의 목적사항과 소집이유를 적은 서면 또는 전자문서를 이사회에 제출하여 임시주주총회의 소집을 청구할 수 있으며, (iii) 이러한 청구가 있은 후 이사회가 지체 없이 총회 소집의 절차를 밟지 아니한 경우에는 위 청구를 한 주주는 법원의 허가를 받아 총회를 소집할 수 있다(제366조 제1항, 제2항, 제542조의6 제1항, 제10항).

법원은 소수주주의 임시주주총회 소집허가신청이 위 (i) 내지 (iii)의 요건을 충족한 것으로 확인되면 특별한 사정이 없는 한 주주총회 소집을 허가한다.

예외적으로 (iv) 소수주주의 주주총회 소집청구권 행사가 권리남용에 해당하거나, (v) 주주총회 소집의 이익 내지 필요성이 없다고 판단되는 때에 주주총회 소집을 불허한다.

2. 소수주주의 임시주주총회 소집허가신청 관련 쟁점

가. 신청인이 상법상 소수주주요건을 충족할 것

1) 2009. 1. 30. 상법 개정으로 상장회사에 대한 특례조항이 상법에 편입되면서 신설된 제542조의2 제2항이 "이 절은 이 장 다른 절에 우선하여 적용한다"고 규정하여, 현행 상법상 상장회사 특례조항과 일반조항 간의 관계에 대해 논란이 있었다.

그러나 개정 상법은 제542조의6 제10항에서 "제1항부터 제7항까지는 제542조의2 제2항에도 불구하고 이 장의 다른 절에 따른 소수주

---

8 앞서 살펴본 바와 같이 상법이 개정됨에 따라(제542조의6 제10항 참조) 상장회사 발행주식총수의 100분의 3 이상에 해당하는 주식을 가진 소수주주는 보유기간에 관계 없이 권리를 행사할 수 있게 되었다.

주권의 행사에 영향을 미치지 아니한다."고 규정을 신설하여, 명문으로 상장회사 특례규정에 따른 소수주주권과 일반규정에 따른 소수주주권이 선택적 적용사항임을 확인하였다.

즉, 상장회사의 주주가 6개월 이상 보유기간을 만족하지 못한 경우라 하더라도 일반조항에 따른 소수주주권의 행사요건인 3% 이상 주식을 보유한 경우 권리를 행사할 수 있게 되었다.

2) 소수주주권에 해당하는 주주총회 소집청구권을 행사할 수 있는지는 특별한 사정이 없는 한 주주명부의 기재에 따라 획일적으로 확정된다(대법원 2017. 3. 23. 선고 2015다248342 전원합의체 판결 참조).[9] 회사는 특별한 사정이 없는 한 주주명부에 기재된 자의 주주권 행사를 부인하거나 주주명부에 기재되지 아니한 자의 주주권 행사를 인정할 수 없다.

예외적으로 주주명부 기재 또는 명의개서청구가 부당하게 지연되거나 거절되었다는 등의 특별한 사정이 있는 경우 회사에 대해 주주권을 행사할 수 있으므로 임시주주총회 소집허가신청을 할 수 있다.

3) 신청인은 적어도 소집허가 결정시점까지는 소수주주의 보유요건을 유지해야 한다(수원지방법원 2020. 4. 16.자 2020비합2011결정 등 참조). 따라서 사건 계속 중 주식의 양도 등으로 보유요건을 갖추지 못하게 되면 신청은 부적법하게 되고 이후 주주를 추가하거나 새로 주식을

---

9 "특별한 사정이 없는 한, 주주명부에 적법하게 주주로 기재되어 있는 자는 회사에 대한 관계에서 주식에 관한 의결권 등 주주권을 행사할 수 있고, 회사 역시 주주명부상 주주 외에 실제 주식을 인수하거나 양수하고자 하였던 자가 따로 존재한다는 사실을 알았든 몰랐든 간에 주주명부상 주주의 주주권 행사를 부인할 수 없으며, 주주명부에 기재를 마치지 아니한 자의 주주권 행사를 인정할 수도 없다. 주주명부에 기재를 마치지 않고도 회사에 대한 관계에서 주주권을 행사할 수 있는 경우는 주주명부에의 기재 또는 명의개서청구가 부당하게 지연되거나 거절되었다는 등의 극히 예외적인 사정이 인정되는 경우에 한한다."

취득하여 보완하는 것은 허용되지 않는다.[10]

보유요건을 갖추지 못한 경우 신청은 부적법하므로 각하된다(수원지방법원 2020. 4. 16.자 2020비합2011결정 등).

나. 회의의 목적사항과 소집의 이유를 기재한 서면을 이사회에 제출하여 총회 소집을 청구하였을 것

1) 법문상 소집청구의 상대방은 이사회로 되어 있으나 대표이사에 대하여 소집을 청구해도 무방하다. 회사에 대해 주주총회 소집청구를 한 사실이 소명되지 않으면 신청이 기각된다.

신청인 중 회사에 대한 주주총회 소집청구를 한 바 없는 주주가 있는 경우에는 해당 신청인의 신청 부분을 기각한다. 신청인이 소집허가를 신청하는 주주총회 목적사항 중 일부 목적사항은 회사에 대한 소집청구절차를 거치지 않은 경우에는 해당 목적사항에 대한 신청 부분을 기각하게 된다.

2) 주주총회는 상법 또는 정관에 정하는 사항에 한하여 결의할 수 있으므로(상법 제361조), 소집허가신청의 회의 목적사항이 주주총회 권한사항에 속하지 아니할 때 기각사유에 해당한다.

회사 정관상 별도의 규정이 없는 한 대표이사 선임 또는 해임의 건을 목적사항으로 하는 주주총회 소집허가신청은 기각대상이 된다. 대표이사는 원칙적으로 이사회의 결의로 선임하고 정관으로 주주총회에서 선임하도록 정한 경우에만 주주총회에서 선임할 수 있기 때문이다(상법 제389조 제1항).

소수주주가 소집허가를 신청하는 회의의 목적사항이 주주들이 결

---

10 법원실무제요(비송), 162~163쪽, 법원행정처(2014).

의할 사항이 무엇인지 알 수 있을 정도로 구체적으로 특정되지 아니한 경우에도 신청 기각사유가 될 수 있다. 다만 신청인들이 회사에 발송한 소집청구서에 회의의 목적사항과 소집이유가 기재되어 있고, 그 기재 내용만으로도 회사의 입장에서 소집의 이유를 충분히 파악할 수 있으면 족하다.

다. 소집청구 후 지체 없이 총회 소집절차를 밟지 않았을 것

i) 소수주주의 소집청구가 있었음에도 대표이사가 이사회를 소집하지 않은 경우, ii) 이사회에서 주주총회를 소집하지 않기로 결의된 경우, iii) 대표이사가 총회 소집절차를 진행하였으나 총회일이 합리적 이유 없이 장기간 경과된 후로 지정된 경우, iv) 회사가 총회 소집절차를 진행하였으나 정당한 사유 없이 그 이후 절차가 지연되어 사실상 임시주주총회 소집 여부가 불분명해진 경우, v) 주주총회를 개최한다고 공시한 이후 주주총회 날짜를 여러 차례 계속하여 변경하고, 공시된 주주총회의 안건에는 소수주주들이 청구한 안건이 1차례도 포함되지 않아 회사가 주주총회의 개최를 지체할 가능성이 매우 크다고 판단되는 경우에는 모두 소집허가신청 요건이 충족되었다고 본다(서울서부지방법원 2021. 11. 4.자 2021비합1048 결정 참조).

라. 주주총회 소집허가신청이 권리남용에 해당하지 않을 것

주주총회 소집허가신청이 권리남용에 해당하는 경우는 객관적으로 보아 총회 소집의 실익이 없거나 총회 소집을 허가하면 회사에 더욱 복잡·심각한 법률분쟁만을 야기할 것이 명백하여 총회 소집이 오히려 유해한 결과를 초래할 가능성이 있는 경우를 의미한다. 법원은 회사의 중요한 사항에 관한 최종적인 결정은 주주총회에서 하는 것이므로 주주총회도 소집되기 전에 소집허가신청을 권리남용으로 보아 기각하는 데

에는 신중을 기해야 한다는 입장이다.[11]

따라서 최근에 정기주주총회를 개최하였다거나, 최근에 이사 또는 감사에 대한 재선임 의안이 통과되었다거나, 경영권을 장악하려는 시도라는 등의 이유로 권리남용을 주장하더라도 받아들여지지 않는 경우가 많다.

실제 소수주주권 남용이 인정되어 소집허가신청이 기각되는 사례는 드문 편이다. 예외적으로 A회사와 B자산운용의 경영권분쟁 과정에서 반복제안, 안건의 통과 가능성, 회사의 피해 등을 고려하여 소집허가신청이 기각된 바 있다(서울고등법원 2005. 5. 13.자 2004라885 결정).[12]

---

11 인천지방법원 2019. 6. 17.자 2019비합312 결정(사건본인이 특별항고했으나 기각, 대법원 2019. 10. 11.자 2019그649 결정), 부산고등법원 2020. 12. 3.자 2020라5192 결정.

12 B자산운용의 자회사인 C회사는 당시 A회사의 소수주주 지위에서 2004. 10. 25. 이사회에 정관상 금고 이상의 형의 선고가 확정된 이사는 결원으로 본다는 규정을 신설하고(제1안건), 이사가 형사범죄로 기소된 경우 형의 선고가 확정될 때까지 이사로서의 직무수행이 정지된다는 내용의 규정을 신설하는 것(제2안건)을 목적사항으로 하는 임시주주총회의 소집을 요구하였고, 이사회가 2004. 11. 5. 위 소집청구를 거부하기로 결의하자 법원에 임시주주총회 소집허가를 신청하였다. 이에 대해 서울고등법원은 신청인의 임시주주총회 소집청구권 행사가 권리남용으로 허용되지 않는다고 판시하였다.
i) 소집허가신청의 진정한 목적(대표이사의 이사직 박탈)이 소집청구권 제도의 취지를 일탈하였고, ii) 제1안건은 2004년 정기주주총회에서 주주제안권 행사 후 부결되었고(3년 이내에 동일한 내용 주주제안 불가), iii) 제2안건의 경우 2005년도 정기주주총회에서 주주제안권을 행사하여 안건으로 상정할 수 있으나, 이를 행사하지 않고 임시주주총회 소집청구를 하는 것은 제도의 취지에 어긋나며, iv) 해당 대표이사가 2005년 정기주주총회에서 압도적 지지를 얻어 재선임되어 위 안건들의 통과 가능성이 희박하고, (v) 신청인들은 신청을 통해 기존 지배주주가 경영권 방어를 위한 주식확보에 돌입하게 함으로써 보유주식의 주가가 상승하는 이익을 얻을 수 있을 것이나, 이는 임시주주총회 소집청구권 행사에 따른 정당한 이익으로 볼 수 없다는 것이 그 근거였다.

마. 주주총회 소집의 이익 내지 필요성이 인정될 것

1) 신청인이 소집을 구한 안건에 대해 회사가 이미 총회 소집절차를 취한 경우 법원은 임시주주총회 소집허가신청을 기각한다(서울남부지방법원 2021. 1. 19.자 2020비합100134 결정, 서울중앙지방법원 2021. 1. 12.자 2020비합30247 결정 등). 소수주주가 법원에 주주총회 소집허가를 신청한 이후라도 대표이사가 이사회 결의를 거쳐 주주들에게 총회 소집통지를 보내는 등 회사가 총회 소집절차를 진행하게 되면, 주주총회 개최를 부당하게 지체할 것이라는 등의 특별한 사정이 없는 한, 주주들은 그 총회의 개최를 기다려 안건에 대한 논의 및 결의를 할 수 있으므로, 이처럼 회사 스스로 총회를 소집하는 경우에는 법원은 주주의 소집허가신청의 이익 내지 필요성이 소멸되었다고 보는 것이다.[13]

이때 총회 소집절차는 이사회 소집통보만으로는 부족하고, 주주총회 소집통지가 이루어져야 한다. 이에 심문절차에서 회사 측이 곧 총회를 개최하겠다고 진술하였다는 사정만으로 바로 기각결정을 하는 것이 아니라, 기일을 속행하거나 심문을 종결한 후 적당한 시간을 기다려 신청인이 청구한 회의목적과 동일한 사항을 안건으로 하는 총회를 개최하기로 이사회에서 결의하여 총회 소집을 통지하였다는 점까지 확인된 다음 기각결정을 하는 것이 일반적인 실무례이다.

판례도 이사회 결의를 거친 주주총회 소집통지가 아닌 단순한 이사회 소집통보만으로는 소수주주가 소집을 구한 안건에 관하여 이미 총회 소집절차를 취한 경우라고 볼 수 없으므로 신청의 이익 내지 필요성이 소멸되었다고 보기 어려우나, 이사회 결의를 거쳐 소수주주가 소집을 구한 안건과 동일한 사항을 회의 목적으로 하는 주주총회 소집통지

---

13   법원실무제요(비송), 165쪽, 법원행정처(2014).

가 이루어진 경우에는 신청의 이익 내지 필요성은 소멸된 것으로 보아야 한다고 판시하고 있다(서울고등법원 2016. 3. 4.자 2015라20954 결정, 서울고등법원 2016. 12. 2.자 2016라20949 결정 등).

법원은 대표이사가 이사회 결의를 거쳐 소수주주가 소집을 구한 안건과 동일한 안건에 대한 주주총회 소집통지를 한 경우, 그 후 실제 개최된 주주총회에서 해당 안건이 결의에 부쳐지지 않았다는 등의 구체적인 의결과정을 불문하고 신청의 이익 내지 필요성은 소멸된 것이라는 입장을 취하고 있는 것으로 보인다.[14]

실무상 소수주주들은 임시주주총회 소집허가 신청을 하고, 회사가 주주총회 소집절차를 밟는 경우 원하던 바를 이루었으므로 기존의 신청을 취하하는 경우가 많다.

2) 신청인이 보유하는 주식의 소유관계에 상당한 다툼이 있고 그 소유 여부에 따라 총회 결의의 결과가 달라질 수 있어 총회소집을 허가한다면 그 결의의 효력 여부를 두고 추가적인 분쟁이 발생할 위험이 있다고 판단되는 경우 법원은 신청을 기각한다.

법원은 신청인이 보유하는 주식의 소유관계를 둘러싼 다툼이 상당하여 비송사건인 주주총회 소집허가신청 사건에서 신청인의 주주 지위를 인정하여 총회 소집을 허가하는 것이 적절하지 않다고 판단되는 경

---

14 서울중앙지방법원 2021. 1. 12.자 2020비합30247 결정. "상법 제366조에 의하여 인정되는 소수주주의 임시주주총회 소집청구권은 소수주주에게 임시주주총회를 소집하여 그들이 제안한 안건을 총회의 결의에 부의할 수 있는 기회를 부여하려는 것이므로, 신청인의 주장과 같이 위 임시주주총회 결의에 중대한 하자가 있다면 별도의 소송을 통하여 그 결의의 유·무효(존재·부존재) 또는 취소를 다툴 수 있음은 별론으로 하더라도 신청취지 기재 임원 선임 및 해임 안건을 회의목적으로 하는 임시주주총회가 실제 개최되고 결의에 부의까지 된 이상 이 사건 신청을 통하여 다시 동일한 안건을 회의목적으로 하는 임시주주총회의 소집을 구할 수는 없다."

우, 신청인 주식의 소유관계가 명확히 정리되어 신청인의 주주 지위가 확정되기 전에 임시주주총회를 소집하여야 할 급박한 필요성이 소명된 것으로 볼 수 없어 신청을 기각하여야 한다는 입장을 취한다.

즉 다수의 판례는 신청인 보유주식에 관하여 주주권확인, 명의개서 청구 등의 소송이 계류 중이거나, 신청인의 보유주식에 관한 출자의무 이행 여부, 주식근질권의 적법한 실행 여부, 주식의 양도 또는 양도담 보제공 여부, 적법한 명의개서청구 여부 등 신청인의 주주 지위를 둘러 싼 사실관계에 관하여 신청인과 회사가 상반되는 주장을 하거나 상이 한 내용의 주주명부를 각 제출하는 등 신청인 보유주식의 소유관계에 상당한 다툼이 있는 경우, 소집허가신청을 기각하였다.

3) 상법상 형식요건을 충족하는 경우라 하더라도 법원은 비송사 건절차법 취지에 따라 여러 사정과 근거를 종합하여 임시주주총회 소 집을 허가할 필요가 없거나 허가를 하는 것이 부적당하다고 판단하는 경우 이를 허가하지 않을 수 있다(대전지방법원 2023. 1. 19.자 2022비합 50036 결정).[15]

---

15 사외이사 및 감사 선임 안건을 의제로 하는 임시주주총회 소집허가를 구한 사건에 서 법원은 ① 회사가 2023년 3월 정기주주총회를 개최하기 위해 2022. 12. 31.을 기준일로 하는 주주명부 폐쇄를 하였고, 정기주주총회의 소집·개최를 3개월 앞두 고 있는 점, ② 회사가 이미 3인의 사내이사, 2인의 사외이사, 1인의 감사를 두고 있 는 점, ③ 위 임시주주총회 소집허가 신청을 받아들일 경우 총회소집이 허가된 안건 과 동일한 안건에 관하여는 이사회와 대표이사가 총회소집을 할 수 없으므로, 결국 정기주주총회와는 별도로 사외이사 및 감사 선임 안건을 위한 임시주주총회를 개 최해야 하는 반면, 위 임시주주총회 소집허가 신청이 기각되더라도 신청인들은 상 법 제363조의2 제1, 2항에 따라 이사에게 직전 연도의 정기주주총회일에 해당하는 그 해의 해당일의 6주 전까지 목적사항(의안)을 제안할 수 있고, 실제 개최되는 정 기주주총회일의 6주 전까지 의안의 요령을 제출하여 소집통지서에 기재할 것을 청 구할 수 있으며, 만약 회사가 형식적인 요건과 절차를 갖춘 주주의 제안을 부당하 게 거절한 경우 회사를 상대로 주주총회 안건상정 가처분, 주주총회 개최금지 가처

이사 및 감사 선임 안건이 회사가 주주들의 주주제안권 행사를 수용
하여 개최된 정기주주총회의 정식 안건에 포함되었다가 위 주주총회에
서 다른 이사와 감사가 먼저 선임됨으로써 자동폐기된 의안이고, 현재
회사는 정관에서 정한 이사 및 감사의 정원을 모두 충족하고 있는 경우
달리 위 주총에서 이루어진 임원 선임과정에 하자가 있다거나 추가적
인 임원 선임이 필요한 특별한 사정이 확인되지 않는 한 현 단계에서 개
최 필요성은 인정되지 않는다며 기각한 사례가 있다(인천지방법원 2019.
7. 4.자 2019비합308 결정, 인천지방법원 2019. 8. 7.자 2019비합301 결정).

이사 해임 안건을 제안했으나, 해당 이사가 모두 이미 사임을 한 경
우 기각된 사례가 있다(인천지방법원 2019. 7. 4.자 2019비합308 결정).

4) 회사가 소수주주의 임시주주총회 소집청구를 통해 제안한 의제
및 의안의 본질적인 내용 및 취지를 유지하면서 합리적인 범위 내에서
이를 변형하여 안건을 상정한 경우에는 그 적법성을 인정할 수 있다.[16]

5) 그 외에 i) 신청인이 소집허가 신청을 하기 전에 이미 동일한 안
건에 관한 주주총회가 개최된 바 있어 신청인이 구하는 안건을 다룰 기
회가 있었음에도 이에 참석하지 아니하였다거나, ii) 신청인과 현 경영

분 등을 신청하는 것이 가능한 점, ④ 그 밖에 신청인들의 주장만으로는 회사가 지
금 당장 사외이사 및 감사를 선임하지 않는다고 하여 신청인들 또는 회사에 회복할
수 없는 손해가 발생한다는 사정 등이 소명되지 않는 점 등에 비추어 소집허가 필
요성을 인정하지 않았다.

16 서울고등법원 2015. 10. 15.자 2015라651 결정. 해당 사건에서 소수주주는 회사
의 기존 3인의 이사에 추가하여 이사 4인을 선임할 것을 제안하면서 이사후보자 4
인을 추천하는 내용의 안건을 회의의 목적사항으로 하여 임시주주총회 소집청구를
하였으나, 회사가 소집허가결정 전에 임시주주총회를 소집 및 개최하면서 위 안건
을 그대로 상정하는 대신 '이사 선임의 건'이라는 의제 하에 세부적인 안건의 내용
을 단계를 나누어 일부 변형하여 상정하였다.

진 측의 지분비율에 비추어 볼 때 신청인이 소집을 구한 안건이 가결될 가능성이 매우 낮다거나, iii) 가까운 시일 내에 정기주주총회의 개최가 예정되어 있다는 등의 사정이 법원의 고려요소가 된다.

바. 소결

임시주주총회 소집허가 신청이 인용될 가능성이 높다면 회사 입장에서는 총회 소집 절차를 취하는 것이 유리할 수 있다. 소수주주의 청구에 따라 회사가 스스로 주주총회를 소집한 경우에는 여전히 정관에 규정된 사람이 의장이 되므로 회사 측 사람이 의장을 담당하여 의안 순서를 조정하고 의안을 상정하여 회의를 진행할 수 있기 때문이다.

3. 소집허가신청에 대한 법원의 결정

가. 결정의 효력과 주문

법원은 이유를 붙인 결정으로써 재판해야 한다(비송사건절차법 제81조 제1항). 결정은 신청인에게 고지함으로써 효력이 발생한다(비송사건절차법 제18조 제1항).

소집허가결정의 주문에는 소집허가의 대상인 주주총회의 안건이 구체적으로 기재되어야 하는데, 통상 "신청인(들)에 대하여 별지 기재 사항을 회의목적으로 하는 사건본인의 임시주주총회 소집을 허가한다."와 같이 주문을 기재하고, 결정의 별지목록에 안건을 기재한다.

법원은 주문에 소집기간을 정하여 허가결정을 할 수 있다.[17]

---

17 부산고등법원 2020. 12. 3.자 2020라5192 결정. "신청인들에 대하여 2021. 1. 15.까지 별지1 기재 각 안건을 회의목적으로 하는 사건본인 회사의 임시주주총회를 소집할 것을 허가한다." "총회소집에 관한 법원의 허가를 받은 소수주주는 회사의 집행기관의 지위에서 그 소수주주 명의로 총회를 소집할 수 있으나, 이 사건에서

신청인이 소수주주권 행사의 요건을 갖추지 못한 경우 각하되고, 회의의 목적사항이 주주총회 결의사항이 아니거나 주주총회 소집의 필요성이 없는 경우에는 기각된다.

나. 임시주주총회의 의장

1) 소수주주에 의해 소집청구된 임시주주총회의 의장은 법원이 이해관계인의 청구나 직권으로 선임할 수 있다(상법 제366조 제2항 후문).

법원이 주주총회의 의장을 선임하지 않더라도 주주총회에 참석한 주주들이 스스로 주주총회의 의장을 선임하여 그 의장의 주재 하에 주주총회의 의사와 결의를 진행할 수 있다(상법 제366조의2 제1항).

설령 회사의 정관에 주주총회의 의장은 대표이사가 맡도록 되어 있다고 하더라도 이는 이사회가 소집한 경우를 전제로 한 것이므로, 소수주주가 법원의 허가결정을 얻어 주주총회를 소집한 경우에는 정관의 규정과 상관없이 소집된 주주총회에서 의장을 선출해야 한다.[18]

2) 실무상 신청 시 의장을 특정하지 않고, 소집을 구하는 안건에 '임시의장 선임의 건'을 명시하는 경우가 많다.

신청인들 스스로 소집기간을 정하여 허가하여 줄 것을 구하고 있고, 신청인들이 소집허가 후 장기간이 경과하였음에도 소집 절차를 밟지 아니하는 경우 사건본인으로서는 동일한 안건에 대하여 상당한 기간 동안 스스로 총회를 소집할 수 없게 될 우려도 있으므로, 소집기간을 정하여 허가하기로 한다."

18 수원지방법원 안양지원 2020. 7. 23.자 2020비합10009 결정, 서울고등법원 2015. 9. 21.자 2015라20218 결정. "상법 제366조 소정의 소수주주에 의한 주주총회 소집청구권은 소수주주의 권리보호를 위하여 그가 주도권을 가지고 회사의 의사를 형성할 수 있도록 하는 데 그 취지가 있다. 더욱이 소수주주의 청구에 의한 법원의 총회 소집허가결정에 따라 소집된 주주총회는 이사회가 반대한 결과 소수주주가 소집하는 것이므로, 주주총회의 공정한 운영을 위하여 법원이 이해관계인의 청구나 직권에 의하여 임시의장을 선임하지 않았더라도 정관에서 정하지 아니한 사람을 의장으로 선출할 수 있다."

임시주주총회 소집을 청구할 때부터 의장 선임을 신청할 수도 있다. 신청취지에 "제1항 기재 임시주주총회의 의장으로 신청인 C(19XX.X.XX., 서울 ○○구 □□로 100, Y동, Z호)를 선임한다."와 같은 형태로 기재할 수 있다.

법원이 소수주주의 청구를 받아들여 임시주주총회 소집을 허가하더라도 의장 선임에 관한 청구는 받아들이지 않을 수 있다. 법원은 사건의 경과, 회사의 태도 등에 비추어 임시주주총회의 의장을 특정인으로 선임할 필요가 있는지 판단하므로 이에 관해 소명할 필요가 있다.[19]

소수주주와 회사 측의 주장이 서로 다른 경우, 의장 선임에 관한 신청은 기각하되 임의로 임시주주총회의 회의목적에 '임시의장 선임의 건'을 포함시키는 경우가 있다.[20]

다. 불복방법

신청을 각하하거나 기각한 재판에 대해서는 항고로 불복할 수 있다.

신청을 인용한 재판에 대하여는 누구도 불복의 신청을 할 수 없고(비송사건절차법 제81조 제2항), 예외적으로 민사소송법 제449조에 의한 특별항고만 허용된다(대법원 1991. 4. 30.자 90마672 결정 참조).

---

19 소수주주의 청구를 받아들여 의장을 선임한 사례로 서울서부지방법원 2021. 11. 4.자 2021비합1048 결정, 대전지법 공주지원 2018. 10. 29.자 2018비합1003 결정 등이 있고, 임시주주총회 소집은 허가했으나 의장 선임을 기각한 사례로 수원지방법원 안양지원 2020. 7. 23.자 2020비합10009 결정, 서울중앙지방법원 2020. 8. 13.자 2020비합30162 결정이 있다.

20 서울중앙지방법원 2020. 8. 13.자 2020비합30162 결정. "신청인들은 임시주주총회의 공정한 진행을 위하여 객관적인 위치에 있는 변호사가 의장으로 선임되어야 한다고 주장함에 반하여, 사건본인은 대표이사인 E이 임시주주총회의 의장직을 수행하는 데 아무런 지장이 없다고 주장한다. 살피건대, 분쟁의 경위 등 제반 사정에 비추어 보면, 이 사건 결정으로 추후 소집될 임시주주총회에서 임시의장을 선임하여 그 임시의장으로 하여금 임시주주총회를 진행하도록 함이 상당하므로, 이 사건 임시주주총회의 회의목적에 '임시의장 선임의 건'을 포함시키기로 한다."

4. 법원의 소집허가에 따른 주주총회 소집 및 개최 관련 쟁점

가. 소집허가결정을 받은 소수주주의 지위 및 회사 측의 권한

소집허가결정을 받은 소수주주는 회사의 일시적 집행기관으로서 주주총회를 소집하는 지위에 있게 되고, 총회 소집을 위해 필요한 절차(주주명부의 폐쇄, 기준일의 설정·공고, 총회 소집의 통지·공고 등)를 취할 수 있으며, 소집비용은 회사가 부담한다.

소수주주가 법원으로부터 주주총회 소집허가결정을 받아 주주총회를 소집할 권한을 가지게 된 경우, 그 주주총회의 회의목적사항(의제)과 동일한 안건에 대해서는 이사회 내지 대표이사의 주주총회 소집권한이 상실된다.[21]

'의제'(예컨대 이사 선임의 건)를 기준으로 소집허가결정을 받은 안건과 회사 측이 소집하는 안건의 동일성 여부를 판단하게 되므로, 양 안건의 '의안'(예컨대 이사 선임후보자)이 다르다는 이유로 회사 측이 소집한 주주총회의 적법성이 인정된다고 볼 수 없다.

즉, 법원은 주주총회 소집허가결정 이후 대표이사가 회의 목적사항이 동일한 주주총회를 소집할 경우, 이는 소집권한 없는 자에 의한 주주총회 소집으로서 그 소집절차에 법령을 위반한 중대한 하자가 있어 결의 부존재사유에 해당한다고 보고 있다. 이 경우 소수주주 측이 제기한 회사 개최 주주총회결의에 대한 개최금지 가처분 신청, 효력정지 가처분 신청, 결의부존재 확인청구가 인용된 사례가 다수 있다(수원지방법원 2007. 8. 30.자 2007카합392 결정 등).

---

21   편집대표 정동윤, 주석 상법: 회사 3, 93쪽, 한국사법행정학회(2014).

나. 소수주주에 의한 주주총회 소집절차 관련 문제

1) 법원이 소집기간을 구체적으로 정하지 않은 경우에도 소집허가를 받은 주주는 소집의 목적에 비추어 '상당한 기간 내에' 총회를 소집해야 한다. 소집허가결정으로부터 상당한 기간이 경과하였는지는 총회 소집의 목적과 소집허가결정이 내려진 경위, 소집허가결정과 총회소집 시점 사이의 기간, 소집허가결정의 기초가 된 사정의 변경 여부, 뒤늦게 총회가 소집된 경위와 이유 등을 고려하여 판단하여야 한다(대법원 2018. 3. 15. 선고 2016다275679 판결 참조).

2) 법원의 소집허가를 받은 소수주주는 회사의 집행기관의 지위에서 자신의 명의 및 회사의 계산으로 주주총회 소집에 필요한 절차를 밟을 권한이 있으나, 실제로 소수주주가 총회 소집절차를 진행하는 과정에서 회사 측이 이에 협조해주지 않는 경우 소수주주로서는 실무상 상당한 어려움을 겪을 수 있다.

상장회사의 경우 주주총회 소집허가를 받은 주주가 기준일 설정 및 주주명부 폐쇄절차를 진행함에 있어서도 회사의 협조가 없다면 어려움을 겪을 수 있다. 현행 법령 및 증권 등 예탁업무규정 등 관련 규정상으로는 회사가 아닌 주주가 주주총회 소집허가결정에 기하여 기준일 설정 및 주주명부 폐쇄를 진행하고자 하는 경우에 대한 명시적인 절차가 마련되어 있지 않기 때문이다.[22]

주주가 회사의 협조 없이 직접 명의개서 대행기관 등과 협의하여 구체적인 절차를 진행하는 것은 쉽지 않으나, 실무상 소수주주가 회사에 요청하여 주주명부폐쇄·기준일을 설정하고, 회사가 이를 공시하는

---

22 원혜수, "소수주주에 의한 주주총회 소집절차의 실무상 쟁점", 20쪽, BFL 제84호 (2017. 7.).

경우가 많다.

　3) 소수주주가 주주들을 상대로 주주총회 소집통지를 하려면 주주명부를 확보할 필요가 있으므로, 소수주주로서는 법원에 주주총회 소집허가를 신청하는 것과 함께 주주명부의 열람·등사 가처분을 신청하는 방안을 고려할 수 있다.

　상장회사의 경우 주주가 실질주주명부의 열람·등사를 청구할 수 있는지 문제되었으나, 법원은 상법 제396조 제2항을 유추적용하여 실질주주명부의 열람·등사를 청구할 수 있다고 보고 있다(대법원 2017. 11. 9. 선고 2015다235841 판결).

다. 소수주주가 소집하여 개최된 주주총회 결의의 하자

　법원의 허가범위를 일탈한 안건에 대한 결의는 소집권한 없는 사람에 의하여 소집된 절차상 하자가 있다.

　임시의장 선임을 위한 예비적 절차까지는 정관 규정에 따라 대표이사가 주주총회 의장 권한을 행사할 수 있으나, 대표이사가 정당한 사유 없이 주주총회 출석을 거부하거나 임시의장 선출을 거부하여 소수주주 측이 임시의장 선출절차를 진행하더라도 이를 두고 주주총회 결의의 하자가 인정되기는 어렵다.

제3장

회계장부와
주주명부에 대한
열람 · 등사청구

I / 들어가며

경영권분쟁이 발생하면, 소수주주는 경영권을 장악하기 위해 기존에 선임되어 있는 이사를 해임하고, 소수주주 스스로 혹은 우호적인 사람을 이사로 선임하려고 한다.

기존에 선임되어 있는 이사를 해임하기 위해서는, 회사에 해당 이사의 해임을 주주총회의 목적사항으로 할 것을 제안하거나(상법 제363조의2 제1항),[1] 이를 목적사항으로 하는 임시주주총회의 소집을 청구할 수 있다(상법 제366조 제1항).[2] 그리고 만약 주주총회에서 위 이사를 해임하는 안건이 부결되면 그로부터 1개월 이내에 이사의 해임을 구하

---

1 상법 제363조의2(주주제안권) ① 의결권없는 주식을 제외한 발행주식총수의 100분의 3 이상에 해당하는 주식을 가진 주주는 이사에게 주주총회일(정기주주총회의 경우 직전 연도의 정기주주총회일에 해당하는 그 해의 해당일. 이하 이 조에서 같다)의 6주 전에 서면 또는 전자문서로 일정한 사항을 주주총회의 목적사항으로 할 것을 제안(이하 '株主提案'이라 한다)할 수 있다.

2 상법 제366조(소수주주에 의한 소집청구) ① 발행주식총수의 100분의 3 이상에 해당하는 주식을 가진 주주는 회의의 목적사항과 소집의 이유를 적은 서면 또는 전자문서를 이사회에 제출하여 임시총회의 소집을 청구할 수 있다.

는 소를 제기할 수 있다(상법 제385조 제2항).[3] 해당 이사를 해임하기 위해서는 그가 회사를 경영하면서 저지른 배임·횡령 등 법령 위반 혹은 정관 위반 사유를 찾고 그 증거를 확보하는 것이 매우 중요하다. 그리고 회계장부 등에 대한 열람·등사청구는 그 증거 확보를 위하여 빈번하게 사용되는 절차이다.

이사를 해임하고 나면, 소수주주는 자신에게 우호적인 이사를 선임하려고 한다. 이사는 주주총회에서 선임하고, 이때의 결의는 출석한 주주의 의결권의 과반수와 발행주식총수의 4분의 1 이상의 수로써 하여야 한다(상법 제382조 제1항,[4] 제368조 제1항).[5] 따라서 이사 선임을 위해서는 필요한 주식을 확보해야 하는데, 소수주주 스스로 필요한 주식을 직접 취득할 수도 있겠으나, 다른 주주로부터 위임장을 받는 방법도 사용할 수 있다. 이와 같이 소수주주가 다른 주주들로부터 위임장을 받기 위해서는 일차적으로 그 다른 주주들의 인적 사항을 파악해야 하고, 이차적으로는 그 파악된 주주들을 상대로 위임장을 권유하여야 한다. 이때 주주들의 인적 사항 파악을 위해 소수주주는 회사에 주주명부에 대한 열람·등사를 청구한다.

---

3 **상법 제385조(해임)** ② 이사가 그 직무에 관하여 부정행위 또는 법령이나 정관에 위반한 중대한 사실이 있음에도 불구하고 주주총회에서 그 해임을 부결한 때에는 발행주식의 총수의 100분의 3 이상에 해당하는 주식을 가진 주주는 총회의 결의가 있은 날부터 1월내에 그 이사의 해임을 법원에 청구할 수 있다.

4 **상법 제382조(이사의 선임, 회사와의 관계 및 사외이사)** ① 이사는 주주총회에서 선임한다.

5 **상법 제368조(총회의 결의방법과 의결권의 행사)** ① 총회의 결의는 이 법 또는 정관에 다른 정함이 있는 경우를 제외하고는 출석한 주주의 의결권의 과반수와 발행주식총수의 4분의 1 이상의 수로써 하여야 한다.

이처럼 경영권을 확보하려는 소수주주는 자신의 목표를 달성하기 위해 회사를 상대로 회계장부 등이나 주주명부에 대한 열람·등사를 청구한다. 각 절차별 의의와 요건 등에 관해서는 아래에서 자세히 살펴보기로 한다.

Ⅱ / 회계장부 등에 대한 열람·등사청구

1. 의의

> 제466조(주주의 회계장부열람권)
> ① 발행주식의 총수의 100분의 3 이상에 해당하는 주식을 가진 주주는 이유를 붙인 서면으로 회계의 장부와 서류의 열람 또는 등사를 청구할 수 있다.
> ② 회사는 제1항의 주주의 청구가 부당함을 증명하지 아니하면 이를 거부하지 못한다.

발행주식총수의 3% 이상을 보유하는 주주는 회계의 장부와 서류를 열람하거나 등사할 수 있는 권리를 갖는다(상법 제466조). 상법상 주주들은 이사해임청구권(제385조 제2항), 이사의 위법행위유지청구권(제402조),[6] 대표소송 제기권(제403조 내지 제406조)과[7] 같은 권한을 지니고

---

6   **상법 제402조(유지청구권)** 이사가 법령 또는 정관에 위반한 행위를 하여 이로 인하여 회사에 회복할 수 없는 손해가 생길 염려가 있는 경우에는 감사 또는 발행주식의 총수의 100분의 1 이상에 해당하는 주식을 가진 주주는 회사를 위하여 이사에 대하여 그 행위를 유지할 것을 청구할 수 있다.

7   **상법 제403조(주주의 대표소송)** ① 발행주식의 총수의 100분의 1 이상에 해당하

있다. 그러나 이러한 주주의 권한은 적절한 정보가 뒷받침되지 않고는 제대로 행사할 수 없다. 회사의 정보는 회사에 비치된 재무제표의 열람(제448조)을[8] 통해서도 얻을 수 있지만 재무제표에 포함된 정보는 극히 제한적이므로 상법은 재무제표의 기초를 이루는 회계장부와 서류까지 열람할 수 있는 권한을 인정한 것이다(대법원 2020. 10. 20. 선고 2020마 6195 판결 등 참조).

이 권리는 경영권분쟁 상황에서 적극적으로 활용된다. 특히 소수주주가 기존 이사의 해임을 구하는 소를 제기하거나(상법 제385조 제2항), 이를 피보전권리로 하여 이사의 직무집행을 정지하는 가처분을 신청하기 위해서는 그 주장을 뒷받침할 증거가 필요한데, 회계장부 열람·등사청구권은 그 증거수집을 위한 가장 대표적인 방법이기 때문이다. 따라서 실무상 경영권을 노리는 소수주주의 회계장부 열람·등사청구권은 빈번하게 사용된다.

이때 회사가 정당한 사유 없이 주주의 열람·등사청구에 응하지 않은 경우 회사의 이사는 5백만 원 이하의 과태료에 처해지므로(상법 제635조 제1항 제4호)[9], 소수주주가 회계장부의 열람·등사를 청구하는 경

는 주식을 가진 주주는 회사에 대하여 이사의 책임을 추궁할 소의 제기를 청구할 수 있다.

8 상법 제448조(재무제표 등의 비치·공시) ① 이사는 정기총회회일의 1주간전부터 제447조 및 제447조의2의 서류와 감사보고서를 본점에 5년간, 그 등본을 지점에 3년간 비치하여야 한다.

② 주주와 회사채권자는 영업시간내에 언제든지 제1항의 비치서류를 열람할 수 있으며 회사가 정한 비용을 지급하고 그 서류의 등본이나 초본의 교부를 청구할 수 있다.

9 상법 제635조(과태료에 처할 행위) ① 회사의 발기인, 설립위원, 업무집행사원, 업무집행자, 이사, 집행임원, 감사, 감사위원회 위원, 외국회사의 대표자, 검사인, 제298조 제3항·제299조의2·제310조 제3항 또는 제313조 제2항의 공증인, 제299

우 이를 거절하는 데에 조심해야 한다. 실제로 한 시민단체가 법원에 이사회 의사록 열람·등사를 거부한 회사의 대표에게 과태료(500만 원)를 부과해 달라고 신청하였고, 법원이 위 대표에 300만 원의 과태료 부과결정을 내린 사례가 있다.

2. 요건과 효과

가. 당사자

1) 신청권자

회계장부의 열람·등사의 신청권자는 원칙적으로 발행주식총수의 3% 이상의 주식을 가진 주주이고(비상장회사; 상법 제466조 제1항), 상장회사의 경우 6개월 전부터 계속하여 발행주식 총수의 1만분의 10(최근 사업연도 말 자본금이 1천억 원 이상인 상장회사의 경우에는 1만분의 5) 이상의 주식을 가진 주주가 신청할 수 있다(상장회사; 상법 제542조의6 제4항).[10]

이때, 열람·등사를 청구한 주주가 회계장부의 열람·등사를 재판상 청구하는 경우에는 소송이 계속되는 동안 위 주식 보유요건을 구비하

의2·제310조 제3항 또는 제422조 제1항의 감정인, 지배인, 청산인, 명의개서대리인, 사채모집을 위탁받은 회사와 그 사무승계자 또는 제386조 제2항·제407조 제1항·제415조·제542조 제2항 또는 제567조의 직무대행자가 다음 각 호의 어느 하나에 해당하는 행위를 한 경우에는 500만 원 이하의 과태료를 부과한다. 다만, 그 행위에 대하여 형(刑)을 과(科)할 때에는 그러하지 아니하다.

   4. 이 편의 규정을 위반하여 정당한 사유 없이 서류의 열람 또는 등사, 등본 또는 초본의 발급을 거부한 경우

10   상법 제542조의6(소수주주권) ④ 6개월 전부터 계속하여 상장회사 발행주식총수의 1만분의 10(대통령령으로 정하는 상장회사의 경우에는 1만분의 5) 이상에 해당하는 주식을 보유한 자는 제466조(제542조에서 준용하는 경우를 포함한다)에 따른 주주의 권리를 행사할 수 있다.

여야 한다(대법원 2017. 11. 9. 선고 2015다252037 판결 등 참조).

감사의 업무감사권을 피보전권리로 하여 감사의 신청권을 인정한 사례도 있다(서울중앙지방법원 2007. 11. 21.자 2007카합2727 결정).

2) 피신청인

그 회계장부를 작성·비치하고 있는 회사를 상대로 신청해야 한다.

나. 열람·등사의 대상: 회계장부

상법 제466조 제1항에서 정하고 있는 소수주주의 열람·등사청구의 대상이 되는 '회계의 장부 및 서류'에는 소수주주가 열람·등사를 구하는 이유와 실질적으로 관련이 있는 회계장부와 그 근거자료가 되는 회계서류를 가리키는 것으로서, 그것이 회계서류인 경우에는 그 작성명의인이 반드시 열람·등사 제공의무를 부담하는 회사로 국한되어야 하거나, 원본에 국한되는 것은 아니다(대법원 2001. 10. 26. 선고 99다58051 판결 등 참조).

이때 회계장부란, 재무제표와 그 부속명세서의 작성의 기초가 되는 장부로서 회계학상의 일기장·분개장·원장 등을 가리킨다.[11] 따라서 열람·등사의 대상은, 기본적으로 상법 제29조 제1항의[12] 회계장부와 이를 작성하는데 기록자료로 사용된 회계서류(계약서, 영수증, 인수증, 서신 등)이다.

한편, 모회사에 보관되어 있고, 모회사의 회계상황을 파악하기 위한 근거자료로서 실질적으로 필요한 경우에는 자회사 회계장부 역시

---

[11] 임재연, 회사소송, 737쪽, 박영사(2018).

[12] **상법 제29조(상업장부의 종류·작성원칙)** ① 상인은 영업상의 재산 및 손익의 상황을 명백히 하기 위하여 회계장부 및 대차대조표를 작성하여야 한다.

모회사의 회계서류로서(대법원 2001. 10. 26. 선고 99다58051 판결 등 참조) 열람·등사가 가능하다. 그리고 이때 과거의 회계장부에 대한 열람·등사청구도 가능하다고 보아야 한다.[13] 회사 내의 부정을 조사하기 위한 경우에는 과거의 회계장부를 대상으로 열람·등사를 청구하게 된다.

다. 서면에 의한 청구

회계장부의 열람·등사청구는 이유를 붙인 서면으로 하여야 한다(상법 제466조 제1항).

원칙적으로는 회계장부의 열람·등사를 청구하는 소수주주는 본안소송이나 가처분 신청 전에 이유를 붙인 서면으로 회사에 열람·등사를 청구하여야 한다. 그러나 그렇지 않았다고 하더라도, 열람·등사의 이유를 붙인 소장 및 준비서면이 피고 회사에게 송달됨으로써 회사에 대하여 이유를 붙인 서면으로 그 열람 및 등사를 청구한 결과가 되었으므로, 그 하자는 치유된 것으로 보는 것이 실무의 태도이다(예, 서울고등법원 1998. 12. 9. 선고 98나21580 판결). 이에 따라 실무적으로도 사전에 열람·등사를 청구하지 않고 바로 본안소송 제기 또는 가처분 신청을 하고 있다.[14]

라. 열람·등사청구의 이유와 정당성

1) 기재해야 하는 구체적인 이유의 정도

상법 제466조 제1항은 '이유를 붙인 서면'으로 열람·등사를 청구할 수 있다고 정한다. 그 이유는 주주가 회계장부와 서류를 열람·등

13　이와 달리, 과거의 '주주명부'는 열람·등사의 대상이 되지 않는다.
14　임재연, 위 책, 741쪽.

사하는 것이 회사의 회계운영상 중대한 일이므로 그 절차가 신중하게 진행될 필요가 있고, 또 회사가 열람·등사에 응할 의무의 존부나 열람·등사 대상인 회계장부와 서류의 범위 등을 손쉽게 판단할 수 있도록 할 필요가 있기 때문이다. 이때 주주가 제출하는 열람·등사청구서에 붙인 '이유'는 회사가 열람·등사에 응할 의무의 존부를 판단하거나 열람·등사에 제공할 회계장부와 서류의 범위 등을 확인할 수 있을 정도로 열람·등사청구권 행사에 이르게 된 경위와 행사의 목적 등이 구체적으로 기재되면 충분하고, 더 나아가 그 이유가 사실일지도 모른다는 합리적 의심이 생기게 할 정도로 기재하거나 그 이유를 뒷받침하는 자료를 첨부할 필요는 없다. 이와 달리 주주가 열람·등사청구서에 이유가 사실일지도 모른다는 합리적 의심이 생기게 할 정도로 기재해야 한다면, 회사의 업무 등에 관하여 적절한 정보를 가지고 있지 않는 주주에게 과중한 부담을 줌으로써 주주의 권리를 크게 제한하게 되고, 그에 따라 주주가 회사의 업무 등에 관한 정보를 확인할 수 있도록 열람·등사청구권을 부여한 상법의 취지에 반하는 결과가 초래되어 부당하다(대법원 2022. 5. 13. 선고 2019다270163 판결 참조).

기존 하급심 실무는 "회사의 어떤 업무집행행위가 부정한 행위 또는 부적정한 행위에 해당한다는 것인지 파악할 수 있을 정도로 구체적이어야 하고, 한편 소수주주가 열람청구의 이유로 제시하는 회사의 부정한 행위 또는 부적정한 행위가 사실일지 모른다는 최소한의 합리적인 의심이 생기는 정도일 것이 요구된다"면서 주주가 회계장부 열람·등사권을 행사함에 있어 그 이유를 구체적으로 기재할 것을 요구하여 왔으나[15] 위 대법원 판결에서 회계장부의 열람·등사를 청구하는 주

---

[15] 대구지방법원 2002. 5. 31.자 2002카합144 결정 등.

주가 청구이유가 사실일지도 모른다는 합리적 의심이 생기게 할 필요가 없다는 점을 분명히 하여 주주가 기재해야 하는 이유의 정도를 완화하였다. 이에 따라 실무상 주로 가처분을 통하여 해결되고 있는 회계장부 열람·등사 실무에도 주주의 부담을 덜어주는 방향으로 변화가 생기고, 회사 입장에서는 소송을 방어하기 위한 부담이 가중될 것으로 보인다.

2) 정당성

회사는 소수주주의 열람·등사청구가 부당함을 증명하지 아니하면 이를 거부하지 못한다(상법 제466조 제2항). 따라서 주주는 청구의 정당함을 증명할 필요가 없고, 회사가 거부사유(청구의 부당성)에 대한 증명책임을 부담한다.

이때 주주의 열람·등사권 행사가 부당한 것인지는 그 행사에 이르게 된 경위, 행사의 목적, 악의성 유무 등 제반 사정을 종합적으로 고려하여 판단하여야 할 것이고, 특히 주주의 이와 같은 열람·등사권의 행사가 회사업무의 운영 또는 주주 공동의 이익을 해치거나 주주가 회사의 경쟁자로서 그 취득한 정보를 경업에 이용할 우려가 있거나, 또는 회사에 지나치게 불리한 시기를 택하여 행사하는 경우 등에는 정당한 목적을 결하여 부당한 것이라고 보아야 한다(대법원 2004. 12. 24. 2003마1575 결정 등 참조).

이유 기재 자체로 그 내용이 허위이거나 목적이 부당함이 명백한 경우 등에는 적법하게 이유를 붙였다고 볼 수 없으므로 이러한 열람·등사청구는 허용될 수 없다. 또한 이른바 모색적 증거 수집을 위한 열람·등사청구도 허용될 수 없으나, 열람·등사청구권이 기본적으로 회사의 업무 등에 관한 정보가 부족한 주주에게 필요한 정보 획득과 자료 수집을 위한 기회를 부여하는 것이라는 사정을 고려할 때 모색적 증거 수집에 해당하는지는 신중하고 엄격하게 판단해야 한다(대법원 2022. 5. 13. 선고 2019다270163 판결 참조).

주주가 회계장부와 서류를 열람 및 등사하려는 이유가 막연히 회사의 경영상태가 궁금하므로 이를 파악하기 위해서라든지, 대표이사가 자의적이고 방만하게 회사를 경영하고 있으므로 회사의 경영상태에 대한 감시의 필요가 있다는 등의 추상적인 이유만을 제시한 경우에는 주주의 권리를 보호하여야 할 필요성이 더 크다고 보기가 어려우므로 열람 및 등사청구가 인정되지 않는다. 다만, 예컨대 ① 회사가 업무를 집행함에 있어서 부정한 행위를 하였다고 의심할 만한 구체적인 사유가 발생하였다거나, ② 회사의 업무집행이 법령이나 정관에 위배된 중대한 사실이 발생하였다거나, ③ 나아가 회사의 경영상태를 악화시킬 만한 구체적인 사유가 있는 경우 또는 ④ 주주가 회사의 경영상태에 대한 파악 또는 감독·시정의 필요가 있다고 볼 만한 구체적인 사유가 있는 경우 등과 같은 경우에는 주주의 권리를 보호하여야 할 필요성이 더 크다고 보이므로 열람 및 등사청구가 인정된다(서울지방법원 1998. 4. 1. 선고 97가합68790 판결 등 참조).

3. 회계장부 열람·등사 가처분

가. 가처분의 신청

상법 제466조 제1항 소정의 소수주주의 회계장부 열람·등사청구권을 피보전권리로 하여 당해 장부 등의 열람·등사를 명하는 가처분이 실질적으로 본안소송의 목적을 달성하여버리는 면이 있다고 할지라도, 나중에 본안소송에서 패소가 확정되면 손해배상청구권이 인정되는 등으로 법률적으로는 여전히 잠정적인 면을 가지고 있기 때문에 임시적인 조치로서 이러한 회계장부 등에 대한 열람·등사청구권을 피보전권리로 하는 가처분도 허용된다(대법원 1999. 12. 21. 선고 99다137 판결 등 참조).

이에 따라 실무상 회계장부 등에 대한 열람·등사청구권은 가처분의 형태로 활용되는 경우가 많다.

나. 가처분에 따른 열람 · 등사의 방법

가처분을 허용함에 있어서는 피신청인인 회사에 대하여 직접 열람·등사를 허용하라는 명령을 내리는 방법뿐만 아니라, 열람·등사의 대상 장부 등에 관하여 훼손, 폐기, 은닉, 개찬이 행하여질 위험이 있는 때에는 이를 방지하기 위하여 그 장부 등을 집행관에게 이전·보관시키는 가처분을 허용할 수도 있다(대법원 1999. 12. 21. 선고 99다137 판결 등 참조). 그리고 효율적인 회계장부 열람을 위하여 회계사, 변호사 등을 동반하거나 컴퓨터 파일을 복사하는 방법으로 등사하게 하는 주문 례도 많이 발견된다.

다. 간접강제

부대체적 작위의무의 이행을 명하는 가처분결정을 받은 채권자가 간접강제의 방법으로 그 가처분결정에 대한 집행을 함에 있어서도 가압류에 관한 민사집행법 제292조 제2항의 규정이 준용되기 때문에 특별한 사정이 없는 한 가처분결정이 채권자에게 고지된 날부터 2주 이내에 간접강제를 신청하여야 함이 원칙이고, 그 집행기간이 지난 후의 간접강제 신청은 부적법하다(대법원 2010. 12. 30. 자 2010마985 결정 참조). 따라서 실무상 가처분과 간접강제를 함께 신청한다.

4. 사례 (1): A사 사건

가. 신청이유의 요지

채권자는 A사의 주주로서, ① A사가 자신과 거래관계에 있는 회사들에 대하여 전환사채와 신주를 발행한 것이 정당한 사유 없이 이루어진 것이어서 주주의 신주인수권을 침해하였고(이하 '제1 청구사유'), ② A사가 2013년경에 있었던 경영권분쟁 이후 위 거래업체들을 향후 우호지분 인수인으로 활용하기 위하여 이들에게 증자자금 제공 내지 거래대금 채무에 관하여 지나치게 장기의 변제기를 정하는 등으로 부당한 이익을 공여함으로써 A사의 주주인 채권자의 이익을 침해하였다면서(이하 '제2 청구사유') 회계장부 등의 열람·등사를 청구하였다.

나. 법원의 판단

원심은 제1 청구사유에 관해서 신주 및 전환사채의 제3자 발행 사유의 존부는 A사의 전반적인 회계 및 경영 상황을 확인할 수 있는 재무상태표, 손익계산서, 현금흐름표 및 감사보고서 등을 통해서 밝혀질 수 있는 것이지, 전환사채 및 신주 발행을 통하여 사채와 주식을 배정받은 특정 업체와 사이의 거래관계에 관한 서류를 확보한다고 하여 확인할 수 있는 내용이라고 보기 어렵고, A사의 해당 업체와의 거래내역에서 석연치 않은 점이 드러난다고 하여 제3자 발행에 정당한 사유가 없다는 점이 직접적으로 인정되지도 아니한다고 판단하였다.

제2 청구사유에 관해서는 채권자가 제출한 자료들만으로는 채권자가 주장하는 자금공여가 있었다는 점에 대하여 합리적인 의심이 생길 정도의 소명이 있었다고 보기 어렵고, 채권자가 청구하는 서류를 확보하더라도 제2 청구사유에 관하여 추가적으로 확인할 수 있는 내용은 제한적일 것이라고 판단하였다.

대법원 역시 위와 같은 원심의 판단에 수긍하였다.

다. 검토

법원은 제1 청구사유에 관해 소수주주가 열람·등사를 구하고 있는 이유와 실질적으로 관련이 있는 회계장부와 그 근거자료가 되는 회계서류에 대하여만 열람·등사가 가능하다는 법리에 따라, 소수주주의 청구사유와 열람·등사를 구하는 서류 사이에 실질적인 관련성이 없다는 점, 소수주주가 열람·등사를 구하는 서류를 확보하더라도 그 청구사유에 관해서 확인할 수 없다는 점에서 소수주주의 청구를 기각하였다.

따라서 회사로서는 소수주주의 회계장부 열람·등사청구에 대하여, 소수주주의 청구사유와 열람·등사를 구하는 서류 사이의 실질적인 관련성이 있는지 심도 있게 살펴보고, 이에 관해 다툴 필요가 있다.

다만 제2 청구사유에 관한 판단 부분은 대법원 2022. 5. 13. 선고 2019다270163 판결에 따라 더 이상 유지할 수 없게 되었다.

5. 사례 (2): B사 사건

가. 신청이유의 요지

채권자는 B사 주식의 12.5%를 보유한 주주로서, B사가 신주 및 전환사채 발행대금을 부당 지출한 사실이 있고, B사의 경영진이 임직원 등에게 보수를 지급하고 일회용 마스크 생산·유통 등 신규사업을 추진하는 과정에서 회사 자금을 유출하고, B사의 자금으로 개인 채무를 변제하였다는 등의 의혹이 있으므로, 그 진상을 파악하고 B사의 운영실태를 점검하기 위하여 회계장부의 열람·등사를 구하였다.

이때 채권자가 열람·등사를 구한 서류 중에는 ① 임차한 숙소의 실사용자 정보, B사의 임직원 대장, ② 자회사 기타 관계회사들과의 금전

거래, 법인카드 사용내역, 행사 진행내역, 부동산 거래내역. ③ 문서의 존재 여부에 관해 다툼이 있는 서류 등이 포함되어 있었다.

나. 법원의 판단

법원은 채권자의 열람·등사신청에 관해 기본적으로는 채권자가 B사의 주주로서 상법 제466조 제1항에 기하여 장부 및 서류에 대한 열람·등사를 구할 피보전권리와 보전의 필요성이 소명된다면서 인용하였다.

개별적으로 i) 숙소의 실사용자 정보나 B사의 임직원 대장(서류 ①)은 열람·등사할 수 있는 회계장부에 해당하지 않고, ii) 서류 ②에 관한 청구는 포괄적이고 모색적인 방법으로 B사가 보유하고 있는 상당수의 자료를 열람·등사하겠다는 것으로서 가처분의 한계를 벗어난 것으로 볼 여지가 있고, iii) 열람·등사를 구하는 문서의 존재 여부에 관하여는 기본적으로 채권자에게 증명책임이 있음에도, 채권자는 존재 여부가 다투어지는 문서의 존재에 대한 소명을 충분히 하지 않고 있으며, iv) 채권자가 제기하는 일부 의혹은 추상적인 내용에 불과하고 세부적인 사실관계에 대한 소명이 부족하여 열람·등사를 구하는 사유가 구체적으로 드러났다고 보기 어렵다면서 일부 서류에 대해서는 채권자의 신청을 기각하였다.

대법원 2022. 5. 13. 선고 2019다270163 판결에 따르면, 위 중 iv) 부분 설시는 부적절한 면이 있으나, 서류 ①~③에 대한 신청을 기각한 판단은 유지될 가능성이 높다.

다. 검토

회사 입장에서는 이 사건에서 법원이 신청을 기각한 여러 사정들에 비추어 방어 전략을 짤 필요가 있다. 소수주주가 열람·등사를 구하는 서류가 회계장부에 해당하는지에 관해서도 충분한 검토가 필요하고,

그것이 회계장부에 해당하지 않다면 그 부분을 지적할 필요가 있다. 또한, 채권자가 주장하는 사정이나 세부적인 사실관계가 분명하지 않거나, 열람·등사를 구하는 서류 중 실제로는 존재하지 않는 서류가 있다면 이에 대해서도 다툴 여지가 있다.

6. 사례 (3): C사 사건(대법원 2022. 5. 13. 선고 2019다270163 판결의 파기 환송심)

가. 청구이유의 요지

원고는 C 회사의 지분 약 17.38%를 보유한 소수주주로서, C 회사와 C 회사의 사내이사 겸 지배주주인 E에게 부정행위 의혹이 있어 원고로서는 C 회사 내의 법령 또는 정관 위반을 의심할 만한 사정이 있고 이에 원고는 C 회사의 경영실태 및 회사 자금이 적절하게 관리·집행되고 있는지 확인하고, 정관 및 법령 위반 여부, 이사의 책임 추궁 및 시정을 위해 필요하다면서 C 회사에 회계장부와 서류에 대한 열람·등사를 청구하였다. 이후 C 회사가 원고의 청구에 응하지 않자 C 회사를 상대로 회계장부 등의 열람·등사를 청구하는 소를 제기하였다.

나. 법원의 판단

환송전 원심은 "청구이유는 그것이 사실일지도 모른다는 합리적 의심이 들 정도로 기재되어야 한다"는 법리를 토대로, 원고의 주장만으로는 C 회사의 부정행위나 그 밖에 C 회사 경영진의 법령 또는 정관 위반 행위에 대한 합리적 의심이 들지 않는다는 이유로 원고의 청구를 기각하였다.

그러나 대법원은 "주주가 제출하는 열람·등사청구서에 붙인 '이유'는 회사가 열람·등사에 응할 의무의 존부를 판단하거나 열람·등사에 제공할 회계장부와 서류의 범위 등을 확인할 수 있을 정도로 열람·등사 청구권 행사에 이르게 된 경위와 행사의 목적 등이 구체적으로 기재되면 충분하고, 더 나아가 그 이유가 사실일지도 모른다는 합리적 의심이 생기게 할 정도로 기재하거나 그 이유를 뒷받침하는 자료를 첨부할 필요는 없다"는 법리를 새로 설시한 뒤, 원고가 소장과 준비서면 등에서 열람·등사 청구에 이른 경위와 목적 등을 상세히 기재하고 있음에도 원고의 청구를 기각한 환송전 원심 판결에 잘못이 있다면서, 판결을 파기하고 사건을 하급심으로 환송하였다.

환송 후 원심에서도 위 대법원 판결의 취지에 따라, 원고가 소제기 전 보낸 내용증명은 물론 이 사건 소장과 준비서면에, 열람·등사 청구에 이르게 된 사유와 목적 등을 구체적으로 제시하여 기재하여 열람·등사 이유가 충분히 기재되었다면서, 원고의 청구를 인용하였다.

다. 검토

기존의 하급심 실무는 소수주주의 회계장부 열람·등사 범위를 제한하여 온 측면이 있었으나, 이 판결을 통해 소수주주의 회계장부 열람·등사 청구 이유 기재의 부담이 완화됨에 따라 회사소송이 보다 활성화되고 소송을 방어하기 위한 회사의 부담도 가중될 것으로 보인다.

Ⅲ / 주주명부에 대한 열람·등사청구

1. 의의

> 상법 제396조(정관 등의 비치, 공시의무)
> ① 이사는 회사의 정관, 주주총회의 의사록을 본점과 지점에, 주주명부, 사채원부
> 를 본점에 비치하여야 한다. 이 경우 명의개서대리인을 둔 때에는 주주명부나
> 사채원부 또는 그 복본을 명의개서대리인의 영업소에 비치할 수 있다.
> ② 주주와 회사채권자는 영업시간 내에 언제든지 제1항의 서류의 열람 또는 등
> 사를 청구할 수 있다.

주주총회에서 의결권을 행사하려면 주식을 직접 소유하거나 다른 주주로부터 의결권 대리행사를 위임받아야 한다. 특히 외부 주주로서는 회사가 주주명부의 열람·등사를 허용하여야 주주들의 인적 사항을 확인하여 의결권 대리행사 권유를 할 수 있으므로 상법은 주주의 주주명부 열람·등사신청권을 인정하고 있다(제396조).

그러나 경영권분쟁이 발생하면 회사는 경영권 도전세력의 주주명부 열람·등사를 거부하는 경우가 있을 수 있다.

만약 회사의 주주명부 열람·등사의 거부가 부당한 것으로 평가되고, 그러면서 기존 대주주와 경영진이 다른 주주들을 상대로 의결권 대리행사 권유를 적극적으로 진행한다면, 이것만으로도 주주총회 결의취소사유가 될 수 있다. 또한, 이사가 정당한 이유 없이 주주명부 열람·등사를 거부하는 경우 500만 원 이하의 과태료에 처해지므로 주의가 필요하다(상법 제635조 제1항 제4호).[16]

---

16 **상법 제635조(과태료에 처할 행위)** ① 회사의 발기인, 설립위원, 업무집행사원, 업

2. 요건과 효과

가. 당사자

주주명부 열람·등사청구권자는 회사의 주주이기만 하면 되고, 회계장부 열람·등사청구권과는 달리 단 1주만 소유한 주주도 행사할 수 있다.

상대방은 원칙적으로 그 회사이다. 이때 주주명부의 명의개서대리인을 상대로도 주주명부 열람·등사가 가능한지 문제되고 하급심에서는 이를 허용한 사례와 허용하지 않은 사례가 모두 있다.[17] 허용하지 않은 사례는 모두 피신청인이 한국예탁결제원이어서, 달리 취급하는 것으로 해석된다.

나. 열람 · 등사의 대상: 주주명부

주주는 회사에 대하여 주주명부에 관한 열람·등사청구를 할 수 있다. 여기서 주주명부란 "주식, 주권 및 주주에 관한 현재의 상황을 나타내기 위하여 회사가 상법규정에 의하여 작성하여 비치하는 장부"를 말한다.[18]

무집행자, 이사, 집행임원, 감사, 감사위원회 위원, 외국회사의 대표자, 검사인, 제298조 제3항·제299조의2·제310조 제3항 또는 제313조 제2항의 공증인, 제299조의2·제310조 제3항 또는 제422조 제1항의 감정인, 지배인, 청산인, 명의개서대리인, 사채모집을 위탁받은 회사와 그 사무승계자 또는 제386조 제2항·제407조 제1항·제415조·제542조 제2항 또는 제567조의 직무대행자가 다음 각 호의 어느 하나에 해당하는 행위를 한 경우에는 500만 원 이하의 과태료를 부과한다. 다만, 그 행위에 대하여 형(刑)을 과(科)할 때에는 그러하지 아니하다.
4. 이 편의 규정을 위반하여 정당한 사유 없이 서류의 열람 또는 등사, 등본 또는 초본의 발급을 거부한 경우

17 허용한 사례: 서울남부지방법원 2021. 7. 1.자 2021카합20306 결정, 수원지방법원 2019. 12. 4.자 2019카합10467 결정
허용하지 않은 사례(피신청인이 한국예탁결제원인 사건): 서울중앙지방법원 2020. 9. 2.자 2020카합21648 결정, 부산지방법원 2020. 12. 28.자 2020카합10817 결정

18 임재연, 위 책, 721쪽.

이때 주주명부에는 이른바 실질주주명부, 즉 예탁결제원 명의로 명의개서되어 있는 주식에 대한 실질소유자에 대한 명부도 포함한다(대법원 2017. 11. 9. 선고 2015다235841 판결 등 참조). 다만 과거의 주주명부는 원칙적으로 열람·등사의 대상이 되지 않는다.[19]

다. 열람 · 등사청구의 범위

상법은 주주명부에 기재해야 하는 사항으로, ① 주주의 성명과 주소, ② 각 주주가 가진 주식의 종류와 그 수, ③ 각 주주가 가진 주식의 주권을 발행한 때에는 그 주권의 번호, ④ 각 주식의 취득년월일을 정하고 있다(제352조).[20] 따라서 주주의 열람·등사가 허용되는 범위는 위 '주주명부의 기재사항'이다.

이는 실질주주명부의 경우에도 마찬가지이다. 대법원은 "열람 또는 등사청구가 허용되는 범위도 위와 같은 유추적용에 따라 '실질주주명부상의 기재사항 전부'가 아니라 그중 실질주주의 성명 및 주소, 실질주주별 주식의 종류 및 수와 같이 '주주명부의 기재사항'에 해당하는 것에 한정된다. 이러한 범위 내에서 행해지는 실질주주명부의 열람 또는 등사가 개인정보의 수집 또는 제3자 제공을 제한하고 있는 개인정보보호법에 위반된다고 볼 수 없다."고 판시하면서도, "주주명부 기재사항이 아닌 실질주주의 전자우편주소도 열람·등사의 대상에 포함된

---

19 회계장부 등에 대하여는 과거의 장부도 열람·등사가 허용된다는 점에서 다르다.

20 **상법 제352조(주주명부의 기재사항)** ① 주식을 발행한 때에는 주주명부에 다음의 사항을 기재하여야 한다.
  1. 주주의 성명과 주소
  2. 각 주주가 가진 주식의 종류와 그 수
  2의2. 각 주주가 가진 주식의 주권을 발행한 때에는 그 주권의 번호
  3. 각 주식의 취득년월일

다고 판단한 것에는 실질주주명부의 열람·등사의 범위에 관한 법리를 오해하여 판결에 영향을 미친 잘못이 있다."고 판단하였다(대법원 2017. 11. 9. 선고 2015다235841 판결).

즉, 실질주주명부에 관해서도 열람·등사가 가능하나, 그 구체적인 범위는 상법에서 정한 주주명부의 기재사항에 국한되는 것이고, 설령 주주명부에 기재되어 있다고 하더라도 상법상 주주명부의 기재사항 이외의 정보에 대해서는 열람·등사가 불가능하다.

라. 열람·등사청구의 정당성

1) 정당성이 요구되는지

회계장부 열람·등사청구권과 달리, 주주명부 열람·등사청구에 관하여는 회사가 주주의 청구를 거부할 수 있는 경우를 규정하고 있지 않다.

이에 관해 대법원은 "주주 또는 회사채권자가 상법 제396조 제2항에 의하여 주주명부 등의 열람·등사청구를 한 경우 회사는 그 청구에 정당한 목적이 없는 등의 특별한 사정이 없는 한 이를 거절할 수 없고, 이 경우 정당한 목적이 없다는 점에 관한 증명책임은 회사가 부담한다."고 판단하였다(대법원 1997. 3. 19.자 97그7 심결, 대법원 2017. 11. 9. 선고 2015다235841 판결). 따라서 상법상 주주명부 열람·등사청구권에 관해 정당성을 요구하는 명문 규정이 있는 것은 아니지만, 해석상 정당성이 필요하다고 인정된다.

회사로서는 소수주주의 주주명부 열람·등사청구에 대하여 그 청구 목적이 정당하지 않다는 점을 주장·증명하여 이를 거부할 수 있다.

2) 열람·등사청구의 정당성에 관한 판단

가) 관련 법리

회사가 주주의 주주명부 열람·등사청구를 거부할 수 있는 '청구 목적이 정당하지 않은 경우'는 무엇인지 살펴볼 필요가 있다. 주주의 열람·등사권 행사가 부당한 것인지는 그 행사에 이르게 된 경위, 행사의 목적, 악의성 유무 등 제반 사정을 종합적으로 고려하여 판단하여야 할 것이고, 특히 주주의 이와 같은 열람·등사권의 행사가 회사업무의 운영 또는 주주 공동의 이익을 해치거나 주주가 회사의 경쟁자로서 그 취득한 정보를 경업에 이용할 우려가 있거나, 또는 회사에 지나치게 불리한 시기를 택하여 행사하는 경우 등에는 정당한 목적을 결하여 부당한 것이라고 보아야 한다(대법원 2004. 12. 24.자 2003마1575 결정 등 참조).

다만, 주주명부에 대한 열람·등사는 회계장부에 대한 열람·등사에 비하여 이로 인해 회사가 입게 되는 피해나 임원들이 안게 되는 부담이 적다. 따라서 기본적으로 주주명부 열람·등사의 목적이 부당하다고 인정되는 범위는 회계장부에 비하면 제한적이다.

나) 열람·등사청구가 정당한 경우

일반적으로 i) 주주의 경영감독을 위한 소수주주권을 행사하려는 경우와 ii) 경영권분쟁 시 의결권 대리행사 권유를 하기 위한 경우에는 주주의 주주명부 열람·등사청구가 정당하다고 볼 수 있다.[21]

i)의 경우에는 부실경영, 부정행위 등에 관한 추상적인 가능성만으로는 부족하고, 회사가 업무를 집행함에 있어서 부정한 행위를 하였다고 의심할 만한 구체적인 사유가 발생하였다거나, 회사의 업무집행이

법령이나 정관에 위배된 중대한 사실이 발생하였다거나, 나아가 회사의 경영상태를 악화시킬 만한 구체적인 사유가 있는 경우 또는 주주가 회사의 경영상태에 대한 파악 또는 감독·시정의 필요가 있다고 볼 만한 구체적인 사유가 있는 경우 등과 같은 경우에는 주주의 권리를 보호하여야 할 필요성이 더 크다고 보이므로 열람 및 등사청구가 인정된다(서울지방법원 1998. 4. 1. 선고 97가합68790 판결 등 참조).[22] 실제로 대법원은 주주대표소송을 권유하기 위한 주주명부 열람·등사청구가 회사와 주주의 이익 보호와 무관하다고 보기 어렵다면서 주주명부 열람·등사청구를 인용하였다(대법원 2017. 11. 9. 선고 2015다235841 판결).

ii)의 경우에는 원칙적으로 폭넓게 인정되어야 하고, 그 자체가 부당한 목적으로 인정될 가능성은 거의 없다.

다) 열람·등사청구가 부당한 경우

반면에 주주로서의 이익과 합리적인 관련이 없는 경우에는 부당한 목적의 열람·등사청구권의 행사로 보아야 한다. ① 경영진을 괴롭히려는 경우, ② 사회적·정치적 신념을 위한 경우, ③ 주주로서의 지위가 아니라 제3자의 지위에서 개인적 이익을 추구하려는 경우, ④ 회사와 경업관계에 있는 다른 회사의 이익을 도모하고 회사에는 피해를 입히려는 경우 등이 있다.[23]

예를 들어 주주가 주주명부 등에 대하여 이미 열람·등사를 청구하여 그 목적을 달성하였음에도 불구하고 재차 열람·등사를 청구한다면 그 청구의 목적이 회사를 괴롭히고 업무를 방해하는 데 있는 것이 인정

---

22 회계장부 등의 열람·등사청구권에 관한 판례이나, 주주명부 열람·등사에 관해서도 달리 볼 이유가 없다.

23 임재연, 위 책, 728쪽.

되므로 회사가 이를 거절할 수 있다고 보아야 한다.

3. 주주명부 열람·등사 가처분

가. 가처분의 신청

회계장부 등에 대한 열람·등사청구권과 마찬가지로 주주명부에 대한 열람·등사청구권 역시 가처분의 형태로 활용되는 경우가 많다.

경영권을 방어하려는 다수주주로서는 소수주주의 회계장부 등에 대한 열람·등사청구를 그대로 받아들이기 어려운 측면이 있어 이를 거부하는 경우가 많고, 본안소송은 제기하더라도 본안판결 선고시까지 장기간이 소요되므로, 임박한 주주총회를 앞두고 위임장 권유를 하려는 소수주주로서는 가처분의 방식을 취하게 되는 것이다.

주주명부 열람·등사 가처분이 인용되면, 이로써 소수주주는 본안청구의 목적이 가처분에 의하여 그대로 달성되어(이른바 만족적 가처분) 보전절차의 잠정성에 반한다는 문제가 있기는 하다. 그러나 나중에 본안소송에서 패소가 확정되면 손해배상청구권이 인정되는 등으로 법률적으로는 여전히 잠정적인 면을 가지고 있기 때문에, 임시적인 조치로서 이러한 주주명부 열람·등사청구권을 피보전권리로 하는 가처분도 허용된다고 볼 것이다(대법원 1999. 12. 21. 선고 99다137 판결 등 참조).[24] 실무적으로도 가처분의 형태가 빈번하게 활용되고 있다.

나. 간접강제

부대체적 작위의무의 이행을 명하는 가처분결정을 받은 채권자가

---

[24] 회계장부 등의 열람·등사청구권에 관하여 설시된 법리이나, 주주명부 열람·등사청구권에 관해서도 달리 판단할 이유는 없고, 실제로도 실무상 널리 활용되고 있다.

간접강제의 방법으로 그 가처분결정에 대한 집행을 함에 있어서도 가압류에 관한 민사집행법 제292조 제2항의 규정이 준용되기 때문에 특별한 사정이 없는 한 가처분결정이 채권자에게 고지된 날부터 2주 이내에 간접강제를 신청하여야 함이 원칙이고, 그 집행기간이 지난 후의 간접강제 신청은 부적법하다(대법원 2010. 12. 30.자 2010마985 결정 참조).

따라서 실무상 가처분 신청과 함께 간접강제를 함께 신청한다. 법원 역시 임시주주총회가 임박하여 채무자들이 주주명부의 열람·등사를 거부하여 의결권 대리행사의 권유 등을 할 기회가 사실상 박탈될 위험이 있는 경우에는 간접강제 신청을 인용한다(수원지방법원 2019. 12.자 2019카합10467 결정, 서울남부지방법원 2021. 3. 4.자 2021카합20060 결정 등).

4. 사례 (1): A사 사건

가. 신청이유의 요지

A사의 주주인 채권자는 주주명부의 열람·등사를 구하면서, 그 열람·등사 장소로 채무자의 본점뿐만 아니라 명의개서대리인인 B사의 영업소(증권대행부 포함)를 두어 신청하였다.

나. 법원의 판단

법원은 "상법 제396조 제1항 단서의 '명의개서대리인의 영업소'라 함은 회사와 명의개서대리인의 합의 내지 명의개서대리인의 내부 규정에 따라 주주명부의 보관(비치) 업무를 포함하여 명의개서대리인이 위탁받은 사무를 수행하는 구체적인 장소를 포함하는 것으로 해석함이 상당하다. 아울러 기록상 소명되거나 이 법원에 현저한 사실 등을 고려하여 보면 A사의 주주명부는 명의개서대리인인 B사의 사무취급 장소(본점 또는 증권대행부)에 비치되어 있을 것으로 보인다."라고 판시하면서, 주주명부를 A사의 본점뿐만 아니라 B사의 영업소(증권대행부 포함)에서도 열람·등사할 수 있도록 허용하였다.

다. 검토

상법은 주주명부를 본점에 비치하여야 한다고 정하면서도, 명의개서대리인을 둔 때에는 이를 명의개서대리인의 영업소에 비치할 수 있다고 정하고 있다(제396조 제1항). 따라서 주주 역시 본점뿐 아니라 명의개서대리인의 영업소도 열람·등사 장소로 구할 수 있다(같은 조 제2항). 이때 명의개서대리인의 '영업소'의 의미가 문제될 수 있는데, 이 사건에서는 이를 "명의개서대리인이 위탁받은 사무를 수행하는 구체적인 장소"라고 해석하여 명의개서대리인의 본점도 포함하는 것으로 판단하였다.

5. 사례 (2): B사 사건

가. 신청이유의 요지

채권자들은 자신이 주주로 있는 B사와 그 명의개서대리인인 한국예탁결제원을 상대로 주주명부의 열람·등사 가처분을 신청하였고, 이때 주주명부에는 주주의 전자우편주소가 포함되어 있었다.

나. 법원의 판단

B사에 대한 청구에 관해서는 주주의 전자우편주소에 관한 부분을 제외한 나머지 청구를 인용하였다.

한국예탁결제원에 대한 청구에 관해서는 ① 명의개서대리인이 자신의 영업소에 주주명부를 비치하여야 할 의무자라고 볼 수는 없고 ② 명의개서대리인인 한국예탁결제원은 B사의 이행보조자 또는 수임인의 지위에서 B사의 주주명부를 비치하는 것에 불과하므로, 주주인 채권자들이 B사를 상대로 주주명부 열람·등사를 구하면서 그 장소로 명의개서대리인인 한국예탁결제원의 영업소를 병기하는 것은 별론으로 하고, 한국예탁결제원을 당사자로 하여 주주명부 열람·등사를 구할 수는 없다면서 그에 대한 청구를 기각하였다.

다. 검토

실질주주명부에 관해서도 열람·등사가 가능하나 그 구체적인 범위는 상법에서 정한 주주명부의 기재사항에 국한되므로, 이 사건에서도 주주의 전자우편주소 부분은 기각되었다. 그리고 명의개서대리인은 주주명부를 비치할 의무자가 아니므로, 명의개서대리인인 한국결제예탁원을 상대로 하는 청구 역시 기각되었다. 같은 취지의 판결이 계속되고 있다.[25]

6. 사례 (3): D사 사건

가. 신청이유의 요지

D사의 주주인 채권자들의 주주명부 열람·등사청구에 대하여 D사는, 채권자들이 D사에 주주권을 행사하기 위해서는 「주식·사채 등의 전자등록에 관한 법률」(이하 '전자증권법')에 따른 '소유자증명서'를 제출하여야 하는데, 이를 제출하지 않았으므로 채권자들의 주주명부 열람·등사청구에 응할 수 없다고 주장하였다.

---

25 부산지방법원 2020. 12. 28.자 2020카합10817 결정.

나. 법원의 판단

법원은 "채권자들은 잔고증명서에 의하여도 D사의 주주임이 소명되고, 달리 D사의 주장과 같이 '소유자증명서'로서만 주주임이 확인된다고 볼 수는 없다."라고 판단하여 채권자들의 신청을 모두 인용하였다.

다. 검토

주주명부의 열람·등사를 구할 수 있는 주체는 주주에 한하므로, 경우에 따라서는 채권자가 주주에 해당하지 않는다는 주장도 필요하다. 다만, 이때 자신이 주주라는 점을 소명하는 방법은 반드시 전자증권법에 따른 소유자증명서에 국한되는 것은 아니고, 잔고증명서를 제출하는 것도 가능하다.

제4장

주주총회 개최가
결정되었을 때의 조치

I / 들어가며

주주총회 소집이 결정된 경우, 공격자는 주주총회 개최·결의 전에 주주총회의 소집절차가 법령·정관에 위반되거나, 결의사항이 법령·정관에 위반되었음을 이유로 주주총회 개최 자체를 금지하거나, 특정 안건의 결의금지, 특정 주주의 의결권행사 금지에 관한 가처분 신청을 할 수 있다.

이번 장에서는 주주총회 개최가 결정되어, 장소·시간이 통지된 시점에 공격자가 취할 수 있는 공격수단과 그 방어방법에 대해 살펴보기로 한다.

II / 주주총회 개최금지 가처분

1. 개관

주주총회 개최금지 가처분은 주주총회의 소집이 법령·정관에 위반하였거나 법령·정관에 위반하는 사항을 결의사항으로 하는 주주총회가 소집되고 있을 때 결의취소의 소(상법 제376조), 결의무효의 소(동법 제380조)로써 사후에 구제받기에 앞서 아예 주주총회의 개최를 금지할 것을 구하는 가처분이다.[1]

주주총회 개최금지 가처분은 '주주총회가 개최되기 전'에 신청하는 가처분이라는 점에서, '이미 개최된 주주총회의 효력을 정지'하고자 하는 주주총회결의 효력정지 가처분과 차이가 있다.

2. 요건

가. 피보전권리와 당사자적격

주주총회 개최금지 가처분에서는 일반적으로 이사에 대한 위법행위 유지청구권과[2] 방해배제청구권이 피보전권리가 된다. 이 외에도 주주총회결의취소나 결의무효, 부존재확인 청구권과[3] 같은 본안 소송을 제기할 권리도 주주총회 개최금지 가처분의 피보전권리가 될 수 있는지 문제되는데, 이에 대하여는 주주총회 개최금지 가처분이 발령되면

---

1 법원행정처, 위 책, 436쪽.

2 **상법 제402조(유지청구권)** 이사가 법령 또는 정관에 위반한 행위를 하여 이로 인하여 회사에 회복할 수 없는 손해가 생길 염려가 있는 경우에는 감사 또는 발행주식의 총수의 100분의 1 이상에 해당하는 주식을 가진 주주는 회사를 위하여 이사에 대하여 그 행위를 유지할 것을 청구할 수 있다..

3 **상법 제376조(결의취소의 소)** ① 총회의 소집절차 또는 결의방법이 법령 또는 정관에 위반하거나 현저하게 불공정한 때 또는 그 결의의 내용이 정관에 위반한 때에는 주주·이사 또는 감사는 결의의 날로부터 2월 내에 결의취소의 소를 제기할 수 있다. 제380조(결의무효 및 부존재확인의 소) 제186조 내지 제188조, 제190조 본문, 제191조, 제377조와 제378조의 규정은 총회의 결의의 내용이 법령에 위반한 것을 이유로 하여 결의무효의 확인을 청구하는 소와 총회의 소집절차 또는 결의방법에 총회결의가 존재한다고 볼 수 없을 정도의 중대한 하자가 있는 것을 이유로 하여 결의부존재의 확인을 청구하는 소에 이를 준용한다.

결의 자체가 있을 수 없기 때문에 결의의 하자를 다투는 소송은 본안소
송이 될 수 없다는 견해가 존재하며,[4] 피보전권리 인정 여부에 대한 법
원의 견해는 확립되지 않은 상황이다.[5]

주주총회 개최금지 가처분의 당사자는 피보전권리에 따라 달라진
다. 소집권한 없는 자가 주주총회를 소집한 경우에는 방해배제청구권
이 피보전권리가 되므로, 이에 근거하여 가처분을 신청할 수 있는 회
사 또는 회사의 대표이사가 채권자, 소집권한 없이 총회를 소집한 자
가 채무자가 된다.

다만 소수주주가 상법 제366조에[6] 따라 법원으로부터 소집허가결
정을 받으면, 그 소집허가결정의 효력 존속기간 동안에는 동일한 안건
에 대하여 이사회가 주주총회 소집권한을 가지지 못한다.[7] 따라서 법원
의 소집허가 이후 이사회가 동일한 안건에 대하여 주주총회 소집을 결
정하는 경우 이사회의 주주총회 소집의 위법성이 문제되므로, 소수주
주가 채권자, 회사가 채무자가 된다.

---

4 법원행정처, 위 책, 436쪽.
5 임재연, 위 책, 641쪽.
6 **상법 제366조(소수주주에 의한 소집청구)** ① 발행주식총수의 100분의 3 이상에 해
   당하는 주식을 가진 주주는 회의의 목적사항과 소집의 이유를 적은 서면 또는 전자
   문서를 이사회에 제출하여 임시총회의 소집을 청구할 수 있다.
   ② 제1항의 청구가 있은 후 지체 없이 총회소집의 절차를 밟지 아니한 때에는 청구
   한 주주는 법원의 허가를 받아 총회를 소집할 수 있다. 이 경우 주주총회의 의장은
   법원이 이해관계인의 청구나 직권으로 선임할 수 있다.
7 소수주주에 대한 법원의 주주총회 소집허가결정의 효력은 그 특정 안건에 대하여
   만 인정되므로, 소집허가결정 이후 이사회가 소집하는 주주총회에 소집허가결정과
   동일한 안건 이외에 다른 안건도 포함되어 있는 경우에는 이사회가 소집하는 주주
   총회에 대한 개최금지 가처분은 인정되지 않고, 동일한 안건에 대한 결의금지 가처
   분만 인용될 것이다.

이사에 대한 위법행위 유지청구권이 피보전권리가 되는 경우에는 위법행위 유지청구권을 행사할 수 있는 소수주주(발행주식 총수의 100분의 1 이상을 보유한 주주) 또는 감사(감사위원)가 채권자, 총회를 소집하려는 이사가 채무자가 된다.

반면 주주총회 결의취소나 결의무효, 부존재확인 청구권 등의 소송상 권리를 피보전권리로 삼을 경우, 주주와[8] 이사, 감사가 채권자, 회사가 채무자가 된다. 다만 실무상으로는 주주총회 결의취소나 결의무효, 부존재확인 청구권을 피보전권리로 하는 경우 총회 개최금지보다는 장래 결의의 효력정지를 명하는 가처분이 발령되는 경우가 많다.[9]

나. 보전의 필요성

주주총회 개최금지 가처분은 임시의 지위를 정하기 위한 가처분에 해당하므로, 고도의 보전의 필요성이 요구된다. 주주총회 절차의 법령·정관위반이나 결의내용의 법령위반 등 하자가 존재하는 경우 주주총회 결의취소나 결의무효소송, 부존재확인소송과 같은 본안소송에 의해 결의의 효력을 다툴 수 있고, 총회 결의의 효력정지나 하자 있는 총회에서 선임된 이사 등에 대한 직무집행정지 등 사후적인 가처분과 같은 권리구제방법이 마련되어 있다. 그러나 주주총회 개최금지 가처분이 인용되면 해당 회사의 총회 개최 자체가 제한되어 사후적으로 절차·결의내용에 하자가 없다고 판명되어도 이를 구제받을 수 없는 문제가 있다.

---

8 주주는 1주만 소유하더라도 본안소송을 제기할 권리가 있으므로, 주주총회 결의취소나 결의무효, 부존재확인 청구권 등의 소송상 권리를 피보전권리로 삼을 경우, 위법행위유지청구권을 피보전권리로 하는 경우와 달리, 가처분을 신청하는 주주가 상법에 따른 소수주주의 지분요건을 충족할 필요가 없다.

9 법원행정처, 위 책, 437쪽.

이러한 사정을 고려하여, 주주총회 개최금지 가처분은 회사의 분쟁을 둘러싸고 이미 여러 건의 본안 소송이나 신청사건이 계속되어 있음에도 위법한 주주총회가 개최되어 또 다른 법률적 분쟁이 초래될 염려가 있고, 그 주주총회의 개최가 위법함이 명백한 경우 등에 한하여 극히 예외적으로 인용되는 경향을 보인다. 특히 주주총회 개최 자체를 금지하는 경우 채무자가 이의신청이나 본안소송을 통해 가처분결정의 타당성을 다툴 기회를 사실상 박탈당하게 되어, 총회에서 이루어질 결의의 효력을 다투는 본안소송에 앞선 임시적, 잠정적 처분으로서의 보전목적을 초과하는 문제가 있으므로, 실무상 장래 이루어질 결의의 효력을 정지하는 내용의 가처분이 발령되기도 한다.[10]

또한 구체적으로 개최될 총회를 특정하지 않고 일반적으로 총회 개최 자체를 금지할 것을 구하는 가처분은 허용되지 않는다. 총회 개최 절차에 하자가 있어 총회에서의 결의가 모두 무효·취소되는 것이 아니라, 특정 총회에서 결의될 여러 안건 중 특정 안건에만 하자가 있는 경우에는 하자가 있는 안건에 대한 결의만 제한될 뿐 총회 개최 자체가 금지되지는 않는 것이다.[11]

3. 효과

주주총회 개최금지 가처분은 송달되는 즉시 효력이 발생한다. 주주총회 개최금지 가처분이 인용되고, 회사가 이에 위반하여 주주총회를

---

10   법원행정처, 위 책, 2014, 437~438쪽.
11   법원행정처, 위 책, 438쪽.

개최하는 경우 이러한 총회결의가 곧바로 무효화되지는 않는다.[12] 그러
나 이러한 가처분 위반 사실이 해당 주주총회 결의의 취소·부존재 사
유로 인정될 여지가 있으므로, 해당 결의에 대하여 본안소송을 제기하
여 대응할 필요가 있다.

4. 사례 (1): G사 주주총회 개최금지 가처분 사건[13]

앞서 살핀 바와 같이, 주주총회 개최금지 가처분은 임시의 지위를
정하기 위한 가처분으로 고도의 보전의 필요성이 요구되어, 극히 예외
적으로 인용되는 경향을 보인다. 이하에서는 법원의 총회 소집허가결
정과 별개로 회사가 개별 소집한 주주총회에 대하여 주주총회 개최금
지 신청이 인용된 사례 2건을 소개한다.

가. 사실관계

1) 법원의 임시주주총회 소집허가결정

코스닥시장 상장법인인 G사의 주식 5,681,139주를 보유한 주주들
(지분율 약 25.06%)은 2020. 11. 9.경 G사의 이사회에 '사외이사 2인, 기
타비상무이사 1인, 감사 1인 각 선임의 건'을 회의목적으로 한 임시주
주총회 소집을 청구하였고, 2020. 11. 13. 위 각 임원 선임 안건에 임
시의장 선임안건을 추가한 안건을 회의목적으로 하는 임시주주총회 소
집허가신청을 제기하여, 2020. 12. 3. 법원으로부터 아래 안건을 회의
목적으로 하는 임시주주총회 소집허가결정을 받았다.

---

12   법원행정처, 위 책, 440쪽.
13   서울남부지방법원 2020. 12. 18. 자 2020카합20605 결정.

> **법원 소집허가결정 안건**   ● ● ●
>
> 제1호 의안: 임시의장 선임의 건
> 제2-1호 의안: 사외이사 J선임의 건
> 제2-2호 의안: 사외이사 K선임의 건
> 제3호 의안: 기타비상무이사 L선임의 건
> 제4호 의안: 감사 M 선임의 건

2) G사 이사회의 2020. 12. 24.자 임시주주총회 소집 결의

G사의 이사회는 2020. 11. 17. 회의를 열어 2020. 12. 24. 임시주주총회를 개최할 것을 결의하면서 부의사항은 추후에 확정하기로 하였는데, 2020. 12. 3. 회의를 열어 임시주주총회 회의 목적을 법원의 임시주주총회 소집허가결정에 명시된 안건 외에 이사 6인 및 감사 1인에 대한 선임 안건을 포함한 안건으로 확정하였다.

3) 법원 소집허가결정에 따른 2021. 1. 22.자 임시주주총회 개최 공지

G사 주주들은 2020. 12. 4. G사에 법원의 소집허가결정에 따른 임시주주총회 개최일을 2021. 1. 22.로 정하여 통보하였고, 2020. 12. 7. 공시가 이루어졌으며, G사도 2020. 12. 4. 임시주주총회 소집 공고 등 소집절차를 진행하였다.

4) G사 주주의 주총 개최금지 가처분 신청 및 G사 이사회의 일부 안건 철회

주주들은 2020. 12. 8. G사가 소집한 2020. 12. 24.자 임시주주총회 개최금지를 구하는 가처분 신청을 제기하였고, G사 이사회는 애초 안건에서 법원의 소집허가결정에 기재된 안건 등을 철회하고, '사내이

사 N 선임, 사외이사 O 선임, 감사 P 선임 안건'을 임시주주총회 안건
으로 확정하였다.

나. 당사자들 주장의 요지

임시주주총회 개최금지 가처분을 신청한 G사 주주들은 법원의 소
집허가결정으로 인하여 법원의 소집허가결정에 기재된 안건에 관한 G
사 이사회 및 대표이사의 소집권한이 박탈되었으므로, G사의 2020.
12. 24.자 주주총회는 소집권한 없는 사람에 의한 것으로서 그 절차
상 하자가 중대·명백하며, 이는 G사 이사회가 법원 소집허가결정에
기재된 안건을 철회하더라도 그 하자는 치유될 수 없다고 주장하였다.

반면 G사는 2020. 12. 24.자 주주총회의 최종안건에는 법원 소집
허가결정 기재안건이 제외되었고, 위 주주총회에서 최종안건이 모두
가결되더라도, G사 주주들이 소집권한을 행사한 2021. 1. 22.자 주
주총회에서 법원 소집허가결정 기재 안건이 가결되는데 아무런 장애
가 없으므로 2020. 12. 24.자 주주총회에는 하자가 존재하지 않는다
고 주장하였다.

다. 법원의 판단

법원은 아래와 같은 이유를 들어 신청을 인용하였다.

1) 주식회사의 소수주주가 법원으로부터 주주총회 소집허가결정을
받아 그 주주총회를 소집할 권한을 가지게 된 경우 그 주주총회 회의목
적사항(의제)과 동일한 안건에 대하여는 주식회사의 이사회 내지 대표
이사의 주주총회 소집권한은 상실된다.

2) G사 주주들이 법원으로부터 이사 및 감사 선임 안건을 회의목
적으로 하는 임시주주총회 소집허가결정을 받았으므로, G사와 대표이
사는 신임 이사 및 감사 선임 안건에 관하여 더 이상의 소집권한을 갖

지 못한다. G사가 개최하고자 하는 2020. 12. 24. 임시주주총회 최종 안건은 '이사 및 감사 선임'에 관한 것이므로, (후보자에 관한 내용은 서로 다르더라도) 법원의 소집허가결정 기재 안건과 회의목적(의제)이 동일하다. 따라서 G사의 2020. 12. 24.자 임시주주총회는 소집권한 없는 사람에 의하여 소집된 것으로 소집절차상 중대한 하자(법령위반)가 있다.

3) G사 주주들은 현재 G사의 이사 수가 3인인 점을 고려하여 이사회에서 대등한 의결권 확보를 위해 최소 3인의 이사 선임을 목적으로 주주총회 소집허가 신청을 하였던 것으로 보이는바, 2020. 12. 24.자 임시주주총회에서 최종 안건에 따라 2명의 이사가 먼저 선임되면 법원이 허가한 임시주주총회는 소집목적을 달성하기 어렵게 된다. 이러한 측면에서도 G사의 2020. 12. 24.자 임시주주총회의 개최는 금지될 필요가 있다.

4) G사의 기존 경영진 역시 법원의 허가결정에 따른 2021. 1. 22.자 임시주주총회에서 결집된 의결권 행사를 통해 이사선임 안건을 부결시킬 수 있는 기회가 보장되어 있고, 2020. 12. 24.자 임시주주총회를 개최하여야 경영권분쟁이 종결된다는 등의 급박한 사정이 있거나, 법원의 허가결정에 따른 총회 개최가 예정되어 있다는 점만으로 G사의 경영상황이 급격히 악화될 것으로 보이지 않는다. 오히려 2020. 12. 24.자 주주총회 결의가 이루어지는 경우 이로 인해 새로운 법적 분쟁이 발생할 가능성이 높아 보인다.

라. 검토

상법상 발행주식총수의 100분의 3 이상에 해당하는 주식을 가진 주주(소수주주)는 회의의 목적사항과 소집 이유를 적은 서면 또는 전자문서를 이사회에 제출하여 임시총회의 소집을 청구할 수 있는데, 위와 같은 청구가 있은 후 회사가 지체없이 총회소집절차를 밟지 않는 경우,

그 청구 주주는 법원의 허가를 받아 총회를 소집할 수 있다(상법 제366
조 제1항 및 제2항).

소수주주가 법원에 소집허가신청을 하고 법원이 소집허가를 결정
하기 전에 이사회가 소집을 결의하는 경우에는 비록 안건의 동일성이
인정되더라도 이를 불허할 이유는 없을 것이다. 그러나 법원의 소집허
가결정이 있은 후에는 소수주주가 소집허가를 받은 주주총회와 동일한
안건에 대하여 이사회가 주주총회소집을 결정하는 것은 허용되지 않는
다는 것이 일반적인 해석이다.[14]

그런데 이 사건에서 법원은 소수주주가 상법 제366조 제2항에 따
라 법원으로부터 회의의 목적사항이 명시된 총회소집 허가결정을 받
았다면, 허가결정에 기재된 안건과 세부내용(의안)이 다르더라도 회의
목적(의제)이 동일한 경우 회사의 이사회나 대표이사는 그 회의목적을
안건으로 하는 주주총회 소집권한을 상실하게 된다고 판단하였다. 또
한 '동일한 안건'에는 그 내용이 완전히 일치하는 것뿐 아니라 법원에서
허가된 안건과 모순관계에 있어 어느 한 안건의 가결은 다른 안건의 부
결을 의미할 수밖에 없는 경우도 포함된다고 본 결정례도 존재한다.[15]

---

14   임재연, 주주총회 실무, 155~156면, 박영사(2020).

15   서울남부지방법원 2020. 9. 29. 2020카합20459 결정.
소수주주가 법원의 허가를 받아 임시주주총회를 소집한 경우 이는 회사의 기관으
로서 소집한 것과 동일하다고 보아야 한다. 따라서 회사의 이사회나 대표이사라도
그와 같이 허가된 안건과 동일한 안건에 관하여 주주총회를 소집할 수 없다고 할
것이다. 그리고 여기서 말하는 '동일한 안건'에는 그 내용이 완전히 일치하는 것뿐
만 아니라 법원에서 허가된 안건과 모순관계에 있어 어느 한 안건의 가결은 다른
안건의 부결을 의미할 수밖에 없는 경우도 포함된다고 봄이 상당하다. 그렇지 않
으면 소수주주의 임시주주총회 소집허가 신청을 인용한 재판에 대하여는 불복신청
을 할 수 없다고 규정한 비송사건절차법 제81조 제2항을 무력화시키는 결과를 초
래하기 때문이다.

그러나 위 결정례만을 근거로 주주총회 개최금지 가처분 사건에서 세부내용(의안)이 달라도 회의목적(의제)이 동일하면 '동일한 안건'으로 인정받을 수 있다고 단언하기는 어렵다. 다만, 위 결정례를 참고하여, 소수주주(공격자)는 주주총회개최금지 가처분 신청 시 보전의 필요성을 인정받기 위해, 의제의 동일성을 강조함과 동시에 회사가 개최할 총회 로는 법원이 소집을 허가한 주주총회의 소집목적을 달성하기 어렵다는 점을 적극 소명할 수 있을 것이다.

한편, 법원이 위와 같이 소수주주에게 총회 소집을 허가하면서 소집 기간을 구체적으로 정하지 않은 경우, 총회 소집허가결정일로부터 상 당한 기간 내에 소수주주가 총회를 소집하지 않으면, 원칙적으로 소집 허가결정에 따른 소집권한이 소멸한다는 대법원 판례가 존재한다(대법 원 2018. 3. 15. 선고 2016다275679 판결). 이때 총회 소집허가결정일로부 터 상당한 기간이 경과하였는지는 총회소집의 목적과 소집허가결정이 내려진 경위, 소집허가결정과 총회 소집 시점 사이의 기간, 소집허가결 정의 기초가 된 사정의 변경 여부, 뒤늦게 총회가 소집된 경위와 이유 등을 고려하여 판단한다.[16]

---

16   대법원 2018. 3. 15. 선고 2016다275679 판결. 법원은 상법 제366조 제2항에 따 라 총회의 소집을 구하는 소수주주에게 회의의 목적사항을 정하여 이를 허가할 수 있다. 이때 법원이 총회의 소집기간을 구체적으로 정하지 않은 경우에도 소집허가를 받은 주주는 소집의 목적에 비추어 상당한 기간 내에 총회를 소집하여야 한다. 소수 주주에게 총회의 소집권한이 부여되는 경우, 총회에서 결의할 사항은 이미 정해진 상태이고, 일정기간이 경과하면 소집허가결정의 기초가 되었던 사정에 변경이 생길 수 있기 때문이다. 소수주주가 아무런 시간적 제약 없이 총회를 소집할 수 있다고 보 는 것은, 이사회 이외에 소수주주가 총회의 소집권한을 가진다는 예외적인 사정이 장기간 계속되는 상태를 허용하는 것이 되고, 이사회는 소수주주가 소집청구를 한 경우 지체 없이 소집절차를 밟아야 하는 것에 비해 균형을 상실하는 것이 된다. 따라 서 총회소집허가결정일로부터 상당한 기간이 경과하도록 총회가 소집되지 않았다

소수주주의 주주총회 개최금지 가처분의 피보전권리가 법원의 소집허가결정에 근거한 총회 소집권한이라는 점에서, 소수주주(공격자) 입장에서는 소집허가결정일로부터 상당한 기간이 경과하기 전에 총회를 소집하여야 한다. 반대로 회사(방어자) 입장에서는 소수주주의 총회 소집조치가 실기한 것은 아닌지 살펴, 이러한 경우 소집허가결정에도 불구하고 총회 소집조치가 지나치게 지연되었다는 점을 변론 사유로 삼는 방안을 고려할 수 있다.

5. 사례 (2): B사 주주총회 개최금지 가처분 사건[17]

가. 사실관계

1) 법원의 임시주주총회 소집허가결정

코스닥시장 상장법인인 B사의 주식 3.56%를 소유한 주주들은 2020. 8. 5. 법원에 임시의장 선임의 건, 2019년도 재무제표 승인의 건, 정관변경의 건, 이사(3인) 해임의 건, 사내이사 선임의 건, 사외이사 선임의 건, 감사 해임의 건, 감사 선임의 건을 안건으로 하여 임시주주총회소집허가 신청을 하였으나 같은 해 9. 24. 위 신청이 기각되었다. 이에 주주들의 항고로 항고심이 진행되었는데, 항고심에서 주주들은 소집허가를 구하는 임시주주총회의 회의목적을 감축하면서, 회사가 발행한 전환사채에 대한 매도청구권 행사기간의 시점 이전인 2021. 1. 15.을 소집기간으로 정하여 구하는 것으로 신청취지를 변경하였고, 2020. 12. 3. 주주들에 대하여 2021. 1. 15.까지 아래 안건을 회의목

면, 소집허가결정에 따른 소집권한은 특별한 사정이 없는 한 소멸한다.

17 부산지방법원 2021. 1. 13.자 2020카합10822 결정.

적으로 하는 회사의 임시주주총회 소집을 허가한다는 결정이 내려졌다 (회사는 위 결정에 대하여 특별항고로 불복하였다).

법원 소집허가결정 안건   • • •

제1호 의안: 임시의장 선임의 건
제2호 의안: 2019년도 재무제표 승인의 건
제7호 의안: 사내이사 선임(2인)의 건
제8호 의안: 사외이사 선임(2인)의 건
제10호 의안: 감사 선임의 건. 끝.

회사는 법원의 위 결정에 따라 2021. 1. 15.자 임시주주총회 소집을 공고하는 등 총회 개최를 위한 절차를 진행하였다.

2) 이 사건 임시주주총회 소집

회사는 위 항고심 심문 종결 후 결정이 내려지기 전인 2020. 11. 30. 이사회를 개최하여 아래 안건을 각 회의목적으로 하는 2021. 1. 26.자 임시주주총회 소집을 의결하고 이를 공고하였다.

회의 목적사항(이 사건 임시주주총회)   • • •

제1호 의안: 제25기 재무제표 승인의 건
제2호 의안: 이사 선임의 건
제3호 의안: 감사 선임의 건
제4호 의안: 이사 보수한도 승인의 건
제5호 의안: 감사 보수한도 승인의 건. 끝.

나. 법원의 판단

법원은 아래와 같은 이유를 들어 신청을 인용하였다.

1) 주식회사의 소수주주가 법원으로부터 주주총회 소집허가결정을 받아 주주총회 소집권한을 가지게 된 경우 주주총회의 회의목적사항과 동일한 안건에 관하여는 특별한 사정이 없으면 이사회 내지 대표이사의 주주총회 소집권한은 원칙적으로 상실된다.

2) 이 사건 임시주주총회는 항고심 심리가 종결되고 결정이 이루어지기 직전에 소집된 점, 심문 과정에서 회사가 이 사건 임시주주총회 회의목적사항 중 제1 내지 3호 의안은 2020. 1. 15. 개최 예정인 임시주주총회 회의목적사항과 중복되는 것일 뿐 추가 이사 선임 또는 별도 해임 결의를 예정하고 있는 것은 아니라는 취지로 진술하고 있는 점을 종합하면, 이 사건 임시주주총회 소집이 법원의 소집허가결정 이전에 이루어졌으나, 주주들에 대하여 주주총회 소집허가결정이 내려진 이상 중복되는 범위에서 회사의 소집권한은 상실되었다고 보아야 한다.

3) 또한 이 사건 임시주주총회의 회의목적 사항 중 제4, 5호 의안(이사, 감사 보수한도 승인의 건)은 법원의 총회 소집허가 안건과 중복되지는 않지만, 각 의안에 대한 결의가 급박하게 이루어져야 할 필요성이 보이지 않아 향후 정기주주총회 의결로 충분하다고 판단되므로, 이 사건 임시주주총회는 소집권자 아닌 사람에 의하여 개최되는 중대한 절차상 하자가 존재하여, 총회 개최를 금지할 피보전권리가 소명된다.

4) 특별한 사정이 없는 한 법원의 소집허가결정에 따른 2021. 1. 15.자 임시주주총회가 정상적으로 개최될 것으로 보이는 상황에서, 불과 10여 일 후에 이 사건 임시주주총회가 다시 개최될 경우 더욱 복잡하고 심각한 법률적 분쟁을 야기할 것으로 판단되므로, 이 사건 임시주주총회 개최를 금지할 보전의 필요성도 소명된다.

다. 검토

이 사건의 특징적인 사실관계는 법원의 소집허가결정이 이루어지기 전에 이사회의 주주총회 소집통지가 이루어졌다는 점이다. 법원은 회사의 총회 소집 당시 회사가 소집하는 총회의 안건이 총회 소집허가 신청 대상 안건과 중복된다는 사실을 인지하고 있었고, 그 외에 별도 안건을 결의하기로 예정한 것도 아니라는 점을 들어 총회 개최를 금지하였다. 만약, 회사가 소집하는 총회에 총회 소집허가 신청대상 안건과 구분되는 별도의 안건이 상정되었다면 그 안건의 내용에 따라 법원이 총회 개최를 금지하지 않고 개별 안건의 결의만을 금지하였을 가능성이 존재한다.

한편 이 사건에서 법원은 '이사 또는 감사 보수한도 승인'에 관한 사항은 총회 소집허가 안건과 중복되지는 않으나, 이후 정기주주총회에서 결의할 수 있는 안건이라고 보아 이사회가 소집한 총회의 개최를 금지하였다. 이처럼, 법원은 총회 소집허가 안건과 중복되지 않더라도, 안건의 내용을 기초로 결의가 급박하게 이루어져야 할 필요성이 없다고 판단되는 경우에는 해당 총회의 개최를 금지할 수 있다는 입장을 취하고 있다.

이러한 사정을 고려하면, 법원에 총회 소집허가를 신청한 사람은 회사가 별도로 소집한 주주총회에서 총회 소집허가와 중복되지 않는 안건을 상정하는 경우에도 해당 안건의 내용·성격을 파악하여 총회 개최 금지 가처분 신청 여부를 결정할 필요가 있다. 반면, 회사 입장에서는 총회소집허가 안건과 중복되지 않더라도 상정할 안건의 내용에 따라 주주총회 개최가 제한될 수 있다는 점에 유의하여야 할 것이다.

Ⅲ / 주주총회 결의금지 가처분

1. 개관

주주총회 결의금지 가처분은 주주총회에서 특정 안건의 결의를 금지하는 것을 목적으로 한다. 이는 일반적으로 주주총회의 결의대상이 되는 특정 안건의 내용이 법령·정관에 위반하여 결의취소의 소(상법 제376조), 결의무효의 소(동법 제380조)의 대상에 해당할 때, 본안소송 제기 전에 주주총회에서의 결의 자체를 금지할 것을 구하는 가처분이다.

주주총회 결의금지 가처분은 주주총회 개최금지 가처분과 마찬가지로 주주총회가 개최되기 전에 신청하는 가처분이지만, 특정 안건에 대한 결의만 제한할 뿐 해당 주주총회 자체의 개최를 금지하지는 않는다는 점에서 주주총회 개최금지 가처분과 차이가 있다.

앞서 주주총회 개최금지 가처분 사례에서 살핀 바와 같이, 소수주주의 주주총회 개최금지 가처분 시 가처분의 대상이 되는 주주총회에 법원의 총회 소집허가 안건과 다른 안건이 상정되어 있는 경우, 가처분 신청의 전부기각을 피하기 위하여 개최금지 가처분을 주위적 청구로, 결의금지 가처분을 예비적 청구로 기재하여 신청하기도 한다.

2. 피보전권리 및 보전의 필요성

주주총회 결의금지 가처분의 피보전권리 및 보전의 필요성 판단기준은 주주총회 개최금지 가처분과 대체로 같다.[18] 다만 주주총회 결의

---

18   임재연, 회사소송, 646쪽, 박영사(2018).

금지 가처분의 경우 주주는 이사에 대한 위법행위유지청구권 이외에 주주제안권을 피보전권리로 하여 거부당한 의안에 대응되는 의안에 대한 주주총회의 결의를 금지하는 가처분을 신청할 수 있다는 점에서 구체적인 양상에 차이가 있다.

3. 사례: S사 주주총회 결의금지 가처분 사건[19]

가. 사실관계

코스닥시장 상장법인인 S사의 주주인 A회사, B회사, C회사는 각각 S사의 발행주식총수 860만 주 중 10만 주, 4만 주, 24만 주를 보유하고 있다. 위 주주들은 2019. 1. 주주제안권을 행사하여 S사에 2019년 정기주주총회 또는 이보다 앞서 개최되는 임시주주총회에 아래 내용의 의안을 목적사항으로 할 것을 요청하였다.

주주제안 안건　　　　　　　　　　　　　　　　　　　　• • •
가. 재무제표 승인의 건 중 주당 현금배당금 승인의 건 　- 현금배당 1주당 250원 나. 사외이사 선임의 건 　- 사외이사 후보자: F 다. 감사 선임의 건 　- 감사 후보자: G

S사는 2019. 3. 전자공시시스템에 2019년 정기주주총회의 회의 목적사항을 아래와 같이 정하여 주주총회 소집공고를 하였다. 위 소집공

19　대전지방법원 천안지원 2019. 3. 28.자 2019카합10098 결정.

고 시 감사의 정원을 '1인 이상 2인 이내'에서 '1인'으로 변경하는 정관 개정안이 함께 공고되었다.

회사 공고 안건

제1호 의안: 재무제표 및 연결재무제표 승인의 건
  1-1호 의안: 1주당 현금배당 100원
  1-2호 의안: 1주당 현금배당 1주당 250원(주주제안)
제2호 의안: 정관 일부 변경의 건
제3호 의안: 이사 선임의 건
  3-1호 의안: 사내이사 H
  3-2호 의안: 사외이사 F(주주제안)
제4호 의안: 감사 선임의 건(주주제안)
제5호 의안: 이사 보수 한도 승인의 건
제6호 의안: 감사 보수 한도 승인의 건

나. 신청이유의 요지

신청인들(S사의 주주들)은 신청인들이 '감사 1인 추가 선임의 건'에 관하여 적법하게 주주제안권을 행사하였음에도 회사가 정기주주총회에서 위 안건보다 먼저 감사 정원을 '1인 이상 2인 이내'에서 '1인'으로 감축하는 내용을 포함한 정관 일부 변경의 건을 상정하여 주주총회 소집을 하였으므로, 정기주주총회 안건 중 감사 정원에 관한 부분이 주주제안권을 침해한다고 주장하였다. 또한 나머지 정관 변경안 역시 대주주들의 경영권 보장을 위해 회사에 손해를 끼치는 내용이므로 상법 제402조의 위법행위유지청구권에 기하여 주위적으로는 제2호 의안(정관일부 변경의 건)에 관한 결의금지를, 예비적으로는 제2호 의안을 상정하는 것 또는 이 제2호 의안을 신청인들이 제안한 감사 추가 선임의 건보다 앞서 상정하는 것의 금지를 구하였다.

다. 법원의 판단

법원은 아래와 같은 이유로 가처분의 피보전권리 및 보전의 필요성이 인정된다고 볼 수 없다고 하면서 신청인들의 신청을 기각하였다.

1) 정관 일부 변경 안건은 법령 규정 내용을 정관에 반영하거나 법령 허용범위 내에서 정관을 개정하는 것으로, 안건 상정 및 결의가 위법하다고 볼 수 없다.

2) 정관 일부 변경 안건은 감사의 적정 인원 수 및 감사 추가 선임 여부에 관한 주주 의사를 확인하는 의미를 포함하고 있고, 주주총회 특별결의에 의하여 위 안건이 가결되면 이는 신청인들이 제안한 감사 추가 선임의 건에 대한 주주들의 의사가 반영된 것으로 보아야 한다. 신청인들은 위 안건이 상정되어 논의되는 과정에서 다른 주주들에게 감사 추가 선임의 필요성에 관한 의견을 개진할 수 있을 것으로 보이므로, 감사 추가 선임 건에 앞서 정관 일부 변경 안건을 상정하고 이를 결의하는 것이 주주제안권의 본질적 내용을 침해하거나 주주총회 안건 상정에 관한 재량권 일탈 등의 위법한 행위로 단정할 수 없다.

3) 상장회사의 주주인 신청인들은 관련 법령이 보장하는 다른 절차를 통해 회사의 경영상황을 감시하는 것이 가능하다.

라. 검토

이 사건에서 문제된 주주총회 결의금지 가처분 신청 및 의안상정금지 가처분은 민사집행법 제300조 제2항 소정의 임시의 지위를 정하기 위한 가처분의 일종이다. 법원은 이러한 가처분이 다툼이 있는 권리관계에 대한 본안소송 확정 전까지 현저한 손해를 피하거나 급박한 위험을 막기 위하여 허용되는 잠정적인 처분인 점을 고려하여, 피보전권리 및 보전의 필요성을 엄격하게 판단하고 있다.

이 사건에서도 법원은 주주제안 안건과 배치된다는 사정만으로 보전의 필요성을 인정할 수 없다고 하였다. 이러한 유형의 가처분 신청 인용 여부를 결정할 때 인용 여부에 따른 당사자 쌍방의 이해득실 관계, 본안소송의 승패 예상, 기타 여러 사정을 고려하여 합목적적으로 판단해야 한다는 대법원 판례(대법원 2005. 8. 12.자 2004마913 결정 등)도 있으므로, 결의금지 가처분의 경우 주주제안 안건과의 양립 가능성 이외에 보전의 필요성을 인정받기 위한 추가적인 설명을 충분히 기재하였는지에 따라 가처분 신청의 결과가 달라질 수 있다.

IV / 의결권행사금지 가처분

1. 개관

의결권 행사금지 가처분은 주식의 귀속 또는 발행된 주식의 효력에 관한 다툼이 있는 경우 주주총회에서 그러한 주식의 의결권이 행사되는 것을 제한하기 위하여 활용된다.

또한 자기주식(상법 제369조)이나 자본시장법상 주식의 대량보유 등의 보고의무를 위반한 주식(자본시장법 제150조, 제147조) 등 법령상 의결권이 제한되는 주식을 대상으로 하거나, 신주발행무효소송(상법 제429조)을 본안으로 하여 이미 효력이 발생한 신주에 관하여 의결권 행사를 금지하는 경우에도 의결권 행사금지 가처분이 활용된다.[20]

---

20   법원행정처, 위 책, 446쪽.

2. 요건

가. 피보전권리 및 당사자

의결권 행사금지 가처분에서는 주주권 또는 주주권에 기한 방해배제청구권이 피보전권리가 된다.[21] 의결권 행사금지 가처분은 의결권을 행사할 자와 회사를 함께 채무자로 하여 신청하고, 법령상 의결권이 제한되는 주식에 대한 의결권행 행사금지 가처분의 경우에는 결의취소의 소의 원고적격이 있는 주주가 채권자가 된다.[22]

나. 보전의 필요성

경영권분쟁상황에서의 의결권 행사금지 가처분은 주주총회에 임박하여 신청되므로, 일단 채권자의 신청이 인용되면 채무자는 이를 취소할 수 있는 시간적 여유가 없으므로, 그 회사 경영권의 귀속을 변동시키는 결과를 가져올 수 있다. 이러한 사정을 고려하여 법원은 의결권 행사금지 가처분에 대하여 보전의 필요성에 관한 강도 높은 소명을 요구한다.[23]

또한 구체적으로 개최될 총회를 특정하지 않고 일반적으로 특정 주식의 의결권 행사를 금지할 것을 구하는 가처분은 허용되지 않는다.

3. 효과

의결권 행사금지 가처분은 경우에 따라 의결 정족수 계산의 기초가

21　임재연, 위 책, 673쪽.
22　법원행정처, 위 책, 447쪽.
23　법원행정처, 위 책, 448쪽.

되는 발행주식의 총수에 영향을 미치기도 한다. 진실한 주주라고 주장하는 사람이 명의상 주주를 상대로 의결권의 행사를 금지하는 가처분의 결정을 받은 경우, 그 명의상의 주주는 주주총회에서 의결권을 행사할 수 없으나, 그가 가진 주식 수는 정족수 계산의 기초가 되는 '발행주식의 총수'[24]에 산입된다(대법원 1998. 4. 10. 선고 97다50619 판결 참조).

다만 위 판례에서 대법원은 '주식 자체는 유효하게 발행되었지만 주식의 이전 등 관계로 당사자 간에 주식의 귀속에 관한 분쟁이 발생한 경우'를 전제로 발행주식의 총수에 포함된다고 설명하고 있으므로, 신주발행무효 사유를 근거로 하는 가처분에 의해 의결권 행사가 금지된 경우에는 발행주식총수에 산입할 수 없다고 보는 것이 타당하다.[25]

4. 사례: T사 의결권 행사금지 가처분 사건[26]

가. 사실관계

채권자는 코스닥시장 상장법인인 T사의 발행주식 1,158,150주를 보유한 T사의 대표이사이다. T사의 주주 B는 T사의 주주 C, D, E, F, G를 특별관계자로 하여 전자공시사이트에 주식보유 변동내역을 각 보고하였다(주주 B, C, D, E, F, G를 통칭하여 '채무자들', 자본시장법 제147조 제1항).

---

24 구 상법(1995. 12. 29. 법률 제5053호로 개정되기 전의 것) 제368조(총회의 결의 방법, 의결권의 행사) ① 총회의 결의는 본법 또는 정관에 다른 정함이 있는 경우 외에는 발행주식의 총수의 과반수에 해당하는 주식을 가진 주주의 출석으로 그 의결권의 과반수로써 하여야 한다.

25 임재연, 위 책, 676쪽.

26 서울동부지방법원 2021. 4. 27.자 2021카합10114 결정.

보고일	2021.2.1.	2021.3.3.	2021.3.19.	2021.3.30.
채무자B	17,600주	65,293주	112,986주	160,679주
채무자C	23,000주	23,000주	23,000주	23,000주
채무자D	13,508주	13,508주	13,508주	13,508주
채무자E	18,500주	18,500주	18,500주	18,500주
채무자F	22,804주	22,804주	22,804주	22,804주
채무자G	146,600주	146,600주	146,600주	146,600주
합계	242,012주 (50.7%)	289,705주 (6.07%)	337,398주 (7.07%)	385,091주 (8.07%)

나. 채권자 주장의 요지

채권자는 채무자들이 ① 2021. 2. 1. 주식 등의 대량보유 상황보고를 하면서 주식의 취득일자를 거짓으로 보고하였고, ② 채무자 D, F의 보유주식 수가 증가하여 2021. 3. 18. 보유주식 합계가 1% 이상 변동되었음에도 그로부터 5일 내에 주식 등의 대량보유 상황보고를 하지 않아 변동보고의무를 위반하였으며, 자본시장법 제150조 제1항 및 제147조에 따라 채무자들이 보유한 주식 중 51,147주[27]에 대한 의결권 행사가 제한되므로, 2021. 4. 28. 개최되는 임시주주총회에서 의결권을 행사하게 하여서는 안 된다고 주장하였다.

다. 법원의 판단

법원은 채권자들의 신청 중 채무자들에 대한 신청 일부만 인용하고, 회사에 대한 신청은 기각하였다. 법원의 피보전권리 및 보전의 필요성

---

[27] 채무자B 3,108주, 채무자C 4,062주, 채무자D 2,827주, 채무자E 3,267주, 채무자 F 11,992주, 채무자G 25,891주.

인정근거, 의결권 금지 주식수 산정근거는 아래와 같다.

1) 증권시장에서 주식을 매매한 경우 주식 등의 대량보유상황 보고 의무의 발생일은 계약 체결일이다(자본시장법 제153조 제3항). 그런데 채무자 B 등은 2021. 1. 22자 주식매매계약으로 발행주식 총수 100분의 5 이상의 주식을 보유하게 되었으나 이로부터 5일이 경과한 2021. 2. 1. 주식 등의 대량보유상황 보고를 하면서, 결제일(2021. 1. 25.)을 변동일로 기재하였으므로 주식의 취득일자를 거짓으로 기재하였다.

2) 채무자 B는 주식 등의 대량보유상황 보고의 보고자이므로 특별관계자인 채무자 D, F 등의 보유주식수 변동을 확인하여 발행주식총수의 100분의 1 이상이 변동되는 경우 이를 보고할 의무가 있으나 이를 보고하지 않았고, 채무자 회사가 현재 경영권분쟁 상황에 있으므로 보유주식 수 증가분에 대한 변동보고를 제대로 하지 않은 경우 채권자의 경영권 방어에 지장이 초래될 가능성이 있으므로 채무자들은 합계 47,597주에 대한 변동보고의무를 위반하였다.

3) 채무자들이 보고기한을 경과하여 취득일자를 거짓으로 보고한 보유주식 수가 2021. 2. 1.자 보고서에 기재된 합계 242,012주이므로 이 중 채무자 회사의 의결권 있는 발행주식총수의 100분의 5에 해당하는 238,462주를 초과하는 3,550주와 채무자들이 변동보고의무를 위반한 47,597주의 합계 51,147주에 대하여 의결권 행사가 제한된다.

4) 채무자 회사에 대한 신청은 채권자의 채무자들에 대한 신청이 인용되면 그 신청의 목적이 달성되므로 채무자 회사에 대한 보전의 필요성을 인정하기 어렵다.

라. 검토

이 사건에서 채권자는 채무자들이 2021. 3. 5. 기준으로 보유하고
있는 주식 중 회사의 의결권 있는 발행주식총수의 100분의 5를 초과
하는 부분(98,839주) 전부의 의결권 행사가 제한되어야 한다고 주장하
였다. 그러나 법원은 채무자들의 거짓보고는 2021. 2. 1.자 보고서로
보고한 주식에 관한 것이므로 변동보고의무 위반 부분이 채무자 D, F
의 보유주식(합계 47,597주)에 한정된다고 하여 채권자 신청 일부만 인
용하였다.

자본시장법 제150조 제1항은 '의결권 있는 발행주식 총수의 100분
의 5를 초과하는 부분 중 '위반분'에 대하여 그 의결권을 행사하여서는
아니된다'고 규정하고 있으므로, '위반분'을 기초로 의결권 제한대상 주
식을 결정한 법원의 판단은 타당하다. 실제 경영권분쟁과 관련하여 의
결권 행사금지 가처분을 신청할 때에는 가처분 대상인 '위반분' 주식의
특정 여부에 따라 가처분 신청 결과가 달라질 수 있을 것이다.

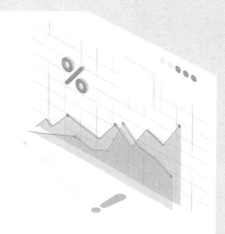

제5장

주주총회
의사진행
과정에서
취할 수 있는
조치, 대응방안

주주총회 의사진행 과정에서 취할 수 있는 조치, 대응방안

I / 들어가며

경영권분쟁이 발생한 상황에서 주주총회가 진행되는 경우 주주총회 당일 공격자가 제안한 안건에 대한 표 대결이 이루어지게 된다. 표 대결에서 우위를 점하기 위한 핵심적 절차가 위임장 대리행사 권유(소위 위임장 대결)이며 본장에서 이에 대해 중점적으로 살펴보기로 한다.

주주총회 개최 이후 의장 선임과 관련하여서는 회사가 개최한 주주총회에서는 정관에서 정한 의장이, 소수주주에 의해 개최된 주주총회에서는 법원에서 정한 바에 따라 의장이 결정되며, 이에 대해서는 [제2장 II. 소수주주에 의한 주주총회소집절차의 실무상 쟁점 3. 나.] 부분을 참조하기 바란다.

II / 위임장 대결

경영권분쟁이 발생하면 위임장 대결은 필연적으로 발생한다. 경영권을 확보하려면 이사회의 과반수 이상을 장악하여야 하므로, 주주총회에서 자신과 뜻을 같이 하는 이사들을 선임하여야 하기 때문이다. 2005년 SK의 주주총회를 앞두고 SK와 소버린자산운용 사이에 있었던 위임장 대결은 매우 유명하다. 최근 K사에서도 기존 경영자 A와 공격자 B 사이에 경영권분쟁이 발생하며, K사 측과 B가 주주들을 상대로 의결권 대리행사 권유를 각 공시하였고 정기주주총회에서 위임장 대결이 벌어졌다. B는 주주총회와 관련하여 소집절차 및 결의방법의 적법성에 관한 사항을 조사하기 위하여 검사인의 선임을 법원에 청구하였고,[1] 법원은 검사인을 선임하였다. 그러나 K사의 제44기 정기주주총회에서 K사 측 의안만이 승인되고 B의 주주제안은 모두 부결되는 등 B는 위임장 대결에서 패배하였다. 위임장 대결 시 주주총회장 입구에서 위임장의 진위에 대한 의견충돌이 자주 발생하므로 어떤 위임장의 효력을 인정할 것인지에 대해 회사가 미리 기준을 설정하고 현장에서 신속하게 부적법한 위임장을 걸러내야 하고, 향후 소송에 대비하여 녹화 등의 방법을 통해 주주총회 개최부터 폐회 전반에 걸쳐 관련 증거자료를 확보해야 한다.

1. 주주명부 열람 · 등사 가처분

경영권분쟁을 위한 위임장 대결에서 의결권 대리행사를 권유하기 위해서는 주주명부를 확보하는 것이 중요하다. 즉, 의결권 대리행사의 권유를 위해서는 피권유자를 특정하여 피권유자가 소유한 주식의 종류 및 수를 기재한 참고서류 및 위임장 용지를 피권유자에게 송부하여야 하므로, 회사의 주주명부를 통해 위 정보를 파악하는 것이 필수

---

1   서울중앙지방법원 2021. 3. 17.자 2021비합30067 결정.

적이다. 주주명부 열람·등사 가처분에 관해서는 [제3장 Ⅱ. 주주명부에 대한 열람·등사청구 3.] 부분에서 살펴보았으므로, 해당 내용을 참고하기 바란다.

2. 의결권 대리행사의 권유

의결권 대리행사의 권유는 회사 또는 주주가 주주총회에서 다수의 의결권을 확보할 목적으로 다수의 주주들에게 위임장 용지를 송부하여 의결권 행사의 위임을 권유하는 행위를 의미한다.[2] 의결권 대리행사의 권유와 관련하여 상법은 규정을 두고 있지 않으나, 자본시장법은 상장주권을 발행한 회사에 적용되는 의결권 대리행사의 권유와 관련된 각종 규제를 두고 있다. 이하에서는 자본시장법의 관련 규정을 중심으로 살펴본다.

자본시장법 제152조 제2항은 i) 자기 또는 제삼자에게 의결권의 행사를 대리시키도록 권유하는 행위, ii) 의결권의 행사(불행사)를 요구하거나 의결권 위임의 철회를 요구하는 행위, iii) 의결권의 확보 또는 그 취소 등을 목적으로 주주에게 위임장을 송부하거나, 그 밖의 방법으로 의견을 제시하는 행위를 의결권 대리행사의 권유로 규정하고 있다. 다만, 해당 상장주권의 발행인과 그 임원(그 특별관계자 포함) 외의 사람이 10인 미만의 피권유자에게 권유를 하는 경우 등에는 의결권 대리행사의 권유로 보지 않는다(자본시장법 제152조 제2항 단서 및 동법 시행령 161조 각 호).

상장주권의 의결권 대리행사 권유를 하고자 하는 사람(이하 '권유자')

---

2 임재연, 회사법 Ⅱ, 75쪽, 박영사(2014).

은 그 권유에 있어서 그 상대방(이하 '피권유자')에게 자본시장법 시행령
에서 정하는 방법에 따라 위임장 용지 및 참고서류를 교부하여야 한다
(자본시장법 제152조 제1항). 의결권 대리행사의 권유 주체에는 특별한 제
한이 없다. 상장주권을 발행한 회사 본인도 권유자가 될 수 있으나, 회
사 자신이 자기의 의사결정에 참여하여 주주의 대리인이 된다는 것은
불가능하므로, 의결권을 위임받는 대리인으로 회사의 직원을 지정하
는 것이 일반적이다.

피권유자는 의결권을 행사할 주주총회의 기준일에 주주명부에 기
재되어 있는 주주 전원이 되는 것이 보통이다. 다만, 의결권이 없는 종
류주식이 발행되어 있는 경우, '의결권이 있는 주식을 보유한 주주'라
는 전제가 기재되기도 한다.

권유자는 피권유자에게 의결권 대리행사를 권유하기 위하여 주주
총회 소집통지서와 함께 위임장 용지를 보내고, 피권유자가 이에 서
명·날인하여 다시 권유자에게 보내게 된다. 권유자는 피권유자에게 주
주총회의 목적사항 각 항목에 대하여 피권유자가 찬반을 명기할 수 있
도록 위임장 용지를 작성하여야 하고(자본시장법 제152조 제4항), 구체적
으로 ① 의결권을 대리행사하도록 위임한다는 내용 ② 의결권 권유자
등 의결권을 위임받는 사람 ③ 피권유자가 소유하고 있는 의결권 있
는 주식 수 ④ 위임할 주식 수 ⑤ 주주총회의 각 목적사항과 목적사항
별 찬반 여부 ⑥ 주주총회 회의 시 새로 상정된 안건이나 변경 또는 수
정 안건에 대한 의결권 행사 위임 여부와 위임 내용 ⑦ 위임일자와 위
임시간 ⑧ 위임인의 성명과 주민등록번호(법인인 경우, 명칭과 사업자등록
번호)를 명확히 기재할 수 있도록 작성되어야 한다(자본시장법 시행령 제
163조 제1항 각 호).

3. 위임장: 대리권 증명서면

위임장의 적법성에 대하여는 다양한 형태의 논란이 발생할 수 있으며, 이러한 논란을 방지하기 위해 회사 측 대리인과 공격자 측 대리인이 사전에 모여 위임장의 적법성에 대해 rule meeting을 진행하기도 한다. 아래에서는 법적인 측면에서 위임장이 갖추어야 할 요건에 대해 살펴보기로 한다.

주주로부터 의결권을 위임받은 대리인은 '대리권을 증명하는 서면'을 총회에 제출해야 한다(상법 제368조 제2항). 여기서 '대리권을 증명하는 서면'이라 함은 위임장을 의미한다. 회사가 대리인으로 하여금 위임장과 함께 주주의 인감증명서, 참석장 등을 제출하도록 요구할 수는 있다. 즉, 실무상[3] i) 주주가 직접 행사하는 경우 신분증 및 참석장을, ii) 대리인이 행사하는 경우 위임장, 주주의 인감증명서, 참석장 및 대리인의 신분증을 요구하는 사례가 다수 확인된다. 그러나 이는 대리인의 자격을 보다 확실하게 확인하기 위하여 요구하는 것일 뿐, 이러한 서류 등을 지참하지 아니하였다 하더라도 주주 또는 대리인이 다른 방법으로 위임장의 진정성 내지 위임의 사실을 증명할 수 있다면 회사는 그 대리권을 부정할 수 없다.[4] 따라서 회사가 대리권 증명서면으로 위임장 외에 신분증의 사본 등을 요구하면서 그 접수를 거부함으로써 의결권 대리행사를 부당하게 제한한 상황에서 이루어진 주주총회 결의는 결의 방법상의 하자가 있는 결의로서 결의취소의 대상이 된다는 점을 유의해야 한다.

---

3   금융감독원의 전자공시시스템에 공시된 '주주총회소집공고'상 주주총회 참석시 제출서류의 내용 참조.
4   대법원 2009. 4. 23. 선고 2005다22701, 22718 판결.

> 대법원 2009. 5. 28. 선고 2008다85147 판결
> 일부 주주들의 주주총회 참석장에 주주의 인감도장 날인 등이 없다거나 위임장에 주주총회 참석장이 첨부되어 있지 않다는 사정만으로는 그 주주들의 주주총회 참석이나 대리인의 대리권을 부정할 수 없다.

한편, 대리권 증명서면을 제출하는 목적은 대리권의 존부에 관한 법률관계를 명확히 하여 주주총회결의의 성립을 원활하게 하기 위한 데 그 목적이 있으므로, 위·변조를 쉽게 식별할 수 있는 원본임이 요구된다.[5] 다만, 주주가 주주총회 전에 회사에 미리 의결권 위임사실을 통보하는 것과 같은 특별한 사정이 있는 경우에는 사본이나 팩스를 통하여 출력된 위임장도 원본 위임장으로 인정될 수 있다.[6]

 위임장에 인감 날인이 없이 수기로 서명이 되어 있는 경우, 해당 위임장도 적법한 위임장으로 볼 수 있는지

상법은 대리인으로 하여금 '대리권을 증명하는 서면'을 제출하도록 규정하고 있을 뿐, 그 형식에 대해서는 정하고 있는 바가 없다. 위임장에 날인 또는 서명을 하는 것은 위임장의 진정성을 부여하기 위함이다. 설령 인감이 날인되어 있지 않더라도, 대리인이 신분증 등을 첨부하여 대리권을 증명할 수 있거나, 주주에게 확인을 구할 수 있다면 위임장에 기재된 수기 서명만을 이유로 대리권을 거부할 수는 없다고 판단된다.

5　대법원 2004. 4. 27. 선고 2003다29616 판결.
6　대법원 1995. 2. 28. 선고 94다34579 판결.

일반적으로 위임장 대결은 기존 지배주주와 적대적 인수를 시도하는 공격자 사이에서 벌어지게 된다. 그런데 주주총회를 개최하고 진행·관리하는 것은 회사이므로, 위임장의 심사기준을 기존 지배주주 측에 보다 유리하게 할 가능성을 항상 내포한다. 공격자는 위임장의 진위 여부 판단뿐만 아니라 총회의 소집절차나 결의방법의 적법성을 조사하기 위하여 총회 전에 법원에 검사인의 선임을 청구하는 방법(상법 제367조 제2항)을 사용하기도 한다.[7] 단, 검사인의 선임을 청구할 수 있는 자는 발행주식총수의 1% 이상을 소유하여야 한다. 나아가 필요한 경우 향후 소송에 대비하여 증거보전신청을 하기도 한다.

4. 위임의 범위: 포괄위임 또는 백지위임의 가부

1회의 포괄적인 대리권 수여로 수회의 주주총회에서 의결권을 대리행사할 수 있는지(즉, 포괄위임)와 관련하여, 주식회사에 있어서 주주권의 행사를 위임함에는 구체적이고 개별적인 사항에 국한한다고 해석하여야 할 근거는 없고 주주권 행사는 포괄적으로 위임할 수 있다는 것이 판례의 태도이다.[8] 그러나 의결권 대리행사의 기간을 정하지 않고 무기한으로 의결권을 위임하는 것은 우리 법제에서 인정될 수 없는 의결권의 신탁을 사실상 가능하게 하므로 허용될 수 없다고 해석하는 것이 타당하다.[9]

---

7 검사인은 주주총회에서 공식적으로 표 집계를 검수하는 역할을 수행할 뿐만 아니라 위임장 심사 등 대리권의 인정 여부 확인, 위임장의 봉인, 회의장 출입에 관한 사항, 주주총회 진행의 공정성 여부 등 모든 과정의 적법성 조사를 수행하게 된다.
8 대법원 2014. 1. 23. 선고 2013다56839 판결.
9 임재연, 위 책, 73쪽.

한편 실무상 의결권 대리행사 권유에 있어서는 주주가 송부받은 위임장에 기명날인만 하여 권유자에게 반송하는 경우가 있다. 이러한 백지위임장이 교부된 경우 주주총회 개최시까지 위임장에 대리인의 성명이 보충되지 아니하였다고 하더라도, 그 위임장을 소지한 사람을 대리인으로 지정한 것으로 보아야 한다.[10]

5. 의결권 위임의 철회

위임계약은 각 당사자가 언제든지 해지할 수 있으므로(민법 제689조 제1항), 주주는 언제든지 의결권 대리행사에 대한 위임을 철회할 수 있다. 또한 주주는 의결권 위임 후에도 본인의 의결권이 박탈되는 것이 아니므로 직접 총회에 출석하여 의결권을 행사할 수 있다. 철회의 의사표시는 위임장 소지인에게 직접 통지할 수도 있으나, 일반적으로 다른 사람에게 위임장을 다시 교부하거나 직접 주주총회에 출석하여 의결권을 행사하는 등의 묵시적인 방법으로도 가능하다.

---

10   대법원 1998. 10. 13. 선고 97다44102 판결.

의결권 대리행사 권유를 통해 안건에 찬성을 표기하여 위임장을 제출한 주주가 전자투표에 로그인하여 반대표를 행사한 경우 그 의결권의 찬반은 어떻게 판단해야 하는지?

주주는 의결권의 위임 후에도 본인의 의결권이 박탈되는 것은 아니므로 직접 의결권을 행사할 수 있다. 즉, 주주는 의결권 행사를 대리인에게 위임하였다고 하더라도 철회 후, 전자투표를 통해 의결권을 다시 행사할 수 있다. 따라서 주주가 위임장을 제출한 이후 전자투표를 통해 반대표를 행사하였다면, 해당 의결권은 반대로 판단하는 것이 타당하다.

한편, 자본시장법 시행령 제160조 제5호에 따른 전자위임장 권유에 따라 전자적 방법으로 주주총회 전에 위임장을 제출한 주주가 총회장에 출석하여 위임장의 의사와 반대의 의사를 표시했다면, 미리 한 전자위임은 철회하고 의결권을 행사하였다고 판단하는 것이 타당하다.

서면투표 및 전자투표를 함께 실시한 회사의 주주가 의결권을 중복 행사한 경우, 어느 투표가 우선하는지?

주주는 정관이 정한 바에 따라 총회에 출석하지 않고 서면에 의하여 의결권을 행사할 수 있으며(상법 제368조의3 제1항), 회사는 이사회 결의로 주주가 총회에 출석하지 아니하고 전자적 방법으로 의결권을 행사할 수 있음을 정할 수 있다(상법 제368조의4 제1항). 만약 서면투표 및 전자투표를 함께 실시한 회사의 주주가 의결권을 중복 행사한 경우, 상대방이 있는 의사표시는 상대방에게 도달한 때 그 효력이 생기므로(민법 제111조 제1항), 최종적으로 회사에 도달한 의결권이 우선한다(법무부 상사법무과 2020. 2. 상법 시행령 일부개정령 관련 질의응답 10쪽).

6. 중복위임장

주주는 의결권을 언제든지 철회할 수 있으므로, 특정 권유자에게 위임장을 작성하여 주었다고 하더라도 다른 권유자에게 위임장을 작성하여 주는 것도 가능하다. 경영권분쟁 중에 개최되는 주주총회에서 실제로 다수의 권유자가 의결권 대리행사 권유를 공시하는 사례를 다수 확인할 수 있으며,[11] 주주가 위임장을 다수 권유자에게 제공하여 위임장이 중복되는 사례도 많다. 중복위임장이 발생하는 경우 일반적으로 주주의 의사는 앞의 위임을 철회하고 다시 위임을 한 것으로 보는 것이 상당하지만, 앞의 위임의 당사자 사이에 의결권 위임을 일방적으로 철회할 수 없는 특약과 같은 특별한 사정이 있는 경우에는 앞의 위임만이 유효하다고 보아야 한다.[12]

이에 따라 권유자들은 중복 위임장이 있을 경우 유리하게 해석될 수 있도록, i) 위임장 작성일자를 주주총회 개최일시에 가장 근접하게 기재하여 자신이 받은 위임장이 최신의 것임을 주장하거나, ii) 이 위임장 작성 이전에 위임한 의결권은 이 위임장을 작성함으로써 철회하고 그러한 철회의 의사표시를 할 수 있는 권한도 수임에게 위임한다는 문구를 기재하기도 한다.[13]

---

11 2019. 3. 22.자 현대모비스의 제42기 정기주주총회와 관련하여 회사, Potter Capital LLC(2.25% 보유), Elliott Associates, L.P.(0.33% 보유)는 각자 의결권대리행사를 권유하였으며, 회사는 의결권대리행사권유에 관한 의견표명서를 통해 Potter Capital LLC, Elliott Associates, L.P.의 주주제안 및 의결권 대리행사 권유에 반대한 바 있다.

12 서울중앙지방법원 2008. 4. 29.자 2008카합1070 결정.

13 이창원·이동건·윤이진, "경영권 다툼과 관련한 위임장대결에서의 실무상 제 문제", 44쪽, BFL 제27호(2008. 1.).

위와 같은 중복위임장의 문제를 해결하기 위하여 회사는 주주총회일에 어느 위임장이 최후로 유효한지에 대하여 주주와의 전화를 통해 확인하기도 한다. 만약 위임장의 선후를 주주를 통해 확인할 수 없는 경우, 해당 의결권에 대해서는 중복위임장을 모두 무효처리하는 것이 적절하다.

7. 의결권의 불통일 행사

주주가 2 이상의 의결권을 가지고 있는 때에는 이를 통일하지 아니하고 행사할 수 있다. 이 경우 회일의 3일 전에 회사에 대하여 서면 또는 전자문서로 그 뜻과 이유를 통지하여야 한다(상법 제368조의2 제1항). 사전통지는 의결권의 불통일행사가 행하여지는 경우에 회사 측에 그 불통일행사를 거부할 것인가를 판단할 수 있는 시간적 여유를 주고, 회사의 총회 사무운영에 지장을 주지 아니하도록 하기 위함이다.[14]

민법상 의사표시는 도달주의를 원칙으로 하므로, 불통일행사 통지는 3일 전에 회사에 도달하여야 한다. 그러나 그 기간이 부여된 취지를 고려하면, 비록 불통일행사의 통지가 주주총회 회일의 3일 전이라는 시한보다 늦게 도착하였다고 하더라도 회사가 스스로 총회 운영에 지장이 없다고 판단하여 이를 받아들이기로 하고 이에 따라 의결권의 불통일행사가 이루어진 것이라면, 그것이 주주평등의 원칙을 위반하거나 의결권 행사의 결과를 조작하기 위하여 자의적으로 이루어진 것이라는 등의 특별한 사정이 없는 한, 그와 같은 의결권의 불통일행사를 위법하다고 볼 수는 없다.

---

14 대법원 2009. 4. 23. 선고 2004다22701, 22718 판결.

주주가 의결권을 불통일행사하는 방법은 ① 일부 주식의 의결권만 행사하고 나머지 주식의 의결권은 행사하지 않는 방법, ② 일부 주식의 의결권은 의안에 대하여 찬성하고 나머지 주식의 의결권은 의안에 대하여 반대하는 방법, ③ 일부 주식의 의결권은 주주 본인이 행사하고 나머지 주식의 의결권은 대리인을 통하여 행사하는 방법, ④ 복수대리인을 선임하는 방법 등이 있다. 그런데 만약 A가 100주를 가진 주주로부터 그 전부에 대하여 위임장을 받았는데, B가 10주에 대하여 위임장을 추가로 받은 경우, '일부'의 중복위임장의 문제이면서 의결권의 불통일행사와도 관련이 발생한다. 주주의 의사가 A에게 위임한 일부를 철회할 진정한 의사였다면, 방법 ④의 의결권불통일행사가 되고, 그 의사가 분명하지 않아 중복위임장으로서 모두 무효가 되는 경우 방법 ①의 의결권불통일행사가 될 것이다.[15]

회사는 주주가 불통일행사통지를 한 경우 의결권 행사 전에 불통일행사를 거부할 수 있다. 단, 주주가 주식의 신탁을 인수한 경우와 같이 '타인을 위하여 주식을 가지고 있는 경우'에는 회사가 이를 거부할 수 없다.

회사가 적법하게 불통일행사를 거부하면 주주는 의결권을 불통일행사할 수 없는데, 주주가 그럼에도 불구하고 의결권을 행사하는 경우 회사는 해당 의결권을 부인할 수 있다. 다만, 회사가 이를 간과하고 찬·반에 집계에 포함하여 의안 승인 여부를 판단하였다면, 불통일행사의 거부를 철회하고 불통일행사를 승인하였다고 해석된다.[16]

---

15 이창원·이동건·윤이진, 위 논문, 44쪽.

16 임재연, 위 책, 88쪽.

8. 관련 사례: H사 경영권분쟁

주식회사 H사의 소수주주들은 H사의 신약개발 실패로 인한 주가
하락과 경영진의 대응방식을 문제 삼으며 경영권분쟁이 발생하였다.
본 사안의 주요 내용은 아래와 같다.

일 자	내 용
2021. 5. 18.	소수주주들은 회사의 이사회에 정관변경, 이사 해임 및 선임 등을 회의의 목적으로 하는 소집청구서 제출 - 참고로 소수주주들이 정관변경을 요구한 규정은 회사 측이 경영권을 방어하기 위하여 이사의 강화된 선임조건과 이른바 '황금낙하산'에 관한 것임 제36조(이사의 선임) ④ **이사는 3년 이상 근무한 자**에 한하며, 이사회결의가 있는 경우에는 예외로 한다. 제40조(이사의 보수와 퇴직금) ③ 등기 및 비등기 임원이 임기중에 적대적 인수합병으로 인하여 실직할 경우, 통상적인 퇴직금 이외에 **오백억 원 한도에서 퇴직 보상액**을 지급해야 하며 이와 관련된 사항은 이사회에서 결정한다. ④ 제3항의 조항을 개정 또는 변경할 경우 그 효력은 개정 또는 변경을 결의한 주주총회가 속하는 사업연도 종료 후 발생한다.
2021. 5. 25.	회사의 이사회는 임시주주총회 소집절차 결의
2021. 6. 23.	소수주주들은 임시주주총회의 소집절차 및 결의방법의 적정성을 조사하기 위한 검사인 선임 결정을 신청
2021. 6. 24.	소수주주들은 법원에 주주명부 열람·등사 가처분 신청
2021. 6. 28.	회사는 주주 전원을 상대로 의결권 대리행사 권유
2021. 6. 29.	소수주주들은 주주 전원을 상대로 의결권 대리행사 권유

2021. 7. 1.	회사는 소수주주들이 제출한 의결권 대리행사 권유에 관한 의견을 표명
	법원은 소수주주들이 제기한 주주명부 열람·등사 가처분신청을 인용
2021. 7. 14.	임시주주총회 개최. 그러나 소수주주들이 임시주주총회에 가져온 위임장 6,000장 중 일부에 주식 수량이 기재되지 않아 회사 측과 소수주주들이 현장에서 직접 주주명부와 위임장을 대조하면서 다음 날 새벽 1시 40분에 결과 확정
2021. 7. 15.	정관 변경은 승인, 이사 해임은 부결, 이사 선임은 일부 이사에 대해서만 승인.

　H사의 경영권분쟁 사례를 살펴보면, 공격자 입장의 소수주주들은 i) 회의의 목적사항과 소집의 이유를 기재하여 주주총회를 소집하고, ii) 소집절차 및 결의방법의 적정성을 조사하기 위한 검사인 선임 신청, iii) 의결권을 위임받기 위하여 주주명부 열람·등사 가처분 신청, (4) 의결권 대리행사 권유 등의 방법을 통해 위임장 대결을 하고 있음을 알 수 있다.

제6장

주주총회 개최 후
공격자의
공격수단과
그 방어방법

주주총회 개최 후 공격자의 공격수단과 그 방어방법

I / 들어가며

우여곡절 끝에 주주총회가 개최되었다고 해서 분쟁이 발생할 가능성이 사라진 것은 아니다. 공격자는 주주총회가 개최된 후에도 주주총회의 효력이나, 주주총회결의를 통해 예정된 거래의 효력을 정지하는 내용의 가처분 신청을 할 수 있다. 또한 공격자는 가처분 신청이 아니라 결의 또는 거래에 대한 본안소송을 제기할 수도 있다. 즉, 주주총회가 개최된 뒤에도 그 결의나 결의대상거래의 효력은 여전히 법원의 판단을 통해 부인될 수 있다.

이번 장에서는 회사에서 개최한 주주총회 이후에 공격자가 취할 수 있는 공격수단과 그 방어방법에 대해 살펴보겠다.

II / 주주총회결의 효력정지 가처분

1. 개관

주주총회결의 효력정지 가처분은 '이미 개최된 주주총회'의 효력을 정지하는 가처분이라는 점에서, '주주총회가 개최되기 전'에 신청하는 주주총회 개최·소집·결의금지 가처분과 다르다. 다만 신청원인이 실질적으로 동일하고, 주주총회 개최금지 가처분 신청 등을 하였음에도 주주총회가 그대로 개최된 경우에는 기존 가처분 신청의 신청취지를 주주총회결의 효력정지 가처분의 신청취지로 변경하고, 신청원인을 원용하기도 한다.

채권자가 주주총회결의취소나 결의무효, 부존재확인 청구권을 피보전권리로 하여 회사를 채무자로 삼아 주주총회 개최금지 가처분 등을 신청하는 경우, 장래 주주총회결의의 효력을 정지하는 가처분이 발령되는 경우도 있다. 주주총회 개최·소집·결의금지 가처분결정이 내려질 경우에는 주주총회 자체가 개최되지 않는데, 그렇게 되면 피신청인은 결정에 대한 이의신청이나 본안소송을 통하여 다투어볼 기회조차 사실상 박탈당하는 반면, 신청인은 가처분결정만으로 실질적으로 목적을 달성하는 결과가 초래된다. 이는 피신청인에게만 과도한 불이익을 주는 것이므로,[1] 법원은 민사집행법 제305조 제1항에 따라[2] 해당 결의가 진행되는 것을 전제로 장래 주주총회결의 효력정지 가처분결정을 발령하기도 한다.

---

1 법원실무제요 민사집행 IV: 보전처분, 437~438쪽, 법원행정처(2014).
2 **민사집행법 제305조(가처분의 방법)** ① 법원은 신청목적을 이루는 데 필요한 처분을 직권으로 정한다.

2. 요건

가. 피보전권리와 당사자적격

피보전권리에 따라서 주주총회결의 효력정지 가처분의 당사자도 달라진다. 소수주주, 감사(또는 감사위원)의 이사에 대한 위법행위유지청구권을[3] 피보전권리로 삼을 경우 신청인은 소수주주, 감사(또는 감사위원), 피신청인은 이사가 된다. 반면 주주총회결의취소나 결의무효, 부존재확인 청구권 등의 소송상 권리를 피보전권리로 삼을 경우[4] 신청인은 주주,[5] 이사와 감사, 피신청인은 회사가 된다. 실무상으로는 위법행위유지청구권, 소송상 권리를 둘 다 피보전권리로 삼아 이사와 회사를 피

---

3 **상법 제402조(유지청구권)** 이사가 법령 또는 정관에 위반한 행위를 하여 이로 인하여 회사에 회복할 수 없는 손해가 생길 염려가 있는 경우에는 감사 또는 발행주식의 총수의 100분의 1 이상에 해당하는 주식을 가진 주주는 회사를 위하여 이사에 대하여 그 행위를 유지할 것을 청구할 수 있다.
제415조의2(감사위원회) ⑦ 제296조·제312조·제367조·제387조·제391조의2 제2항·제394조 제1항·제400조·제402조 내지 제407조·제412조 내지 제414조·제447조의3·제447조의4·제450조·제527조의4·제530조의5 제1항 제9호·제530조의6 제1항 제10호 및 제534조의 규정은 감사위원회에 관하여 이를 준용한다. 이 경우 제530조의5 제1항 제9호 및 제530조의6 제1항 제10호 중 "감사"는 "감사위원회 위원"으로 본다.

4 **상법 제376조(결의취소의 소)** ① 총회의 소집절차 또는 결의방법이 법령 또는 정관에 위반하거나 현저하게 불공정한 때 또는 그 결의의 내용이 정관에 위반한 때에는 주주·이사 또는 감사는 결의의 날로부터 2월 내에 결의취소의 소를 제기할 수 있다.
제380조(결의무효 및 부존재확인의 소) 제186조 내지 제188조, 제190조 본문, 제191조, 제377조와 제378조의 규정은 총회의 결의의 내용이 법령에 위반한 것을 이유로 하여 결의무효의 확인을 청구하는 소와 총회의 소집절차 또는 결의방법에 총회결의가 존재한다고 볼 수 없을 정도의 중대한 하자가 있는 것을 이유로 하여 결의부존재의 확인을 청구하는 소에 이를 준용한다.

5 주주는 1주만 소유하더라도 본안소송을 제기할 권리가 있으므로, 상법에 따른 소수주주의 지분요건을 충족할 필요가 없다.

신청인으로 신청하는 방식으로 기각의 위험을 줄이고 있다.

피보전권리, 당사자적격과 관련하여 방어자의 관점에서 주장할 수 있는 지점은 신청인이 주주일 경우 당해 주주가 '주주의 권리를 행사할 수 있는 주주가 아니'라고 다투는 것이다. 대법원 전원합의체 판결에 따라, 회사에 대하여 주주권을 행사할 수 있는 주체는 원칙적으로 주주명부(또는 실질주주명부)상 주주에 국한되게 되었다(대법원 2017. 3. 2. 선고 2015다248342 전원합의체 판결). 따라서 주주총회결의 효력정지 가처분 신청인이 주주명부상 주주가 아니라 실질적인 주주에 불과하다면, 가처분 신청의 당사자적격 요건을 결여하였다는 주장이 가능할 것이다.

나. 보전의 필요성

주주총회결의 효력정지 가처분 또한 주주총회 개최·소집·결의금지 가처분과 같이 임시의 지위를 정하기 위한 가처분에 해당하므로 고도의 보전의 필요성이 요구된다. 다만 주주총회 개최·소집·결의금지 가처분은 발령될 경우 사후에 결의의 절차나 내용에 하자가 없는 것으로 판명되더라도 결의 자체가 없어 피신청인이 구제받을 방법이 사실상 없다. 이러한 피신청인의 불이익은 위 가처분 신청의 보전의 필요성 판단에도 고려될 수 있다. 반면 주주총회결의 효력정지 가처분은 개최된 주주총회의 효력을 정지하는 가처분이기 때문에 피신청인의 사후 구제와 관련한 쟁점이 보전의 필요성 판단에 개입되지는 않는다.

한편 주주총회결의 효력정지 가처분 중 '이사선임결의' 효력정지 가처분의 경우 보전의 필요성과 관련된 고유한 쟁점이 있다. 상법은 이사선임결의 무효·취소 또는 이사해임의 소가 제기된 경우 이사의 직무집

행정지 가처분을 신청할 수 있는 규정을 두고 있다.[6] 때문에 이사선임
결의의 효력이 문제될 경우 이사에 대한 직무집행정지 가처분을 신청
하면 족하므로, 이사선임결의 효력정지 가처분의 보전의 필요성이 인
정될 수 없다는 견해가 있다. 이에 관하여 확립된 대법원 판례는 없으
나, 이사선임결의에 하자가 있다면 당해 결의의 하자를 이유로 효력정
지 가처분을 신청할 것이 아니라 이사직무집행정지 가처분신청을 함
으로써 권리구제를 꾀하여야 한다는 취지의 하급심 결정이 있다(서울고
등법원 2011. 5. 27.자 2010라2002 결정).[7]

---

6   상법 제407조(직무집행정지, 직무대행자선임) ① 이사선임결의의 무효나 취소 또는
이사해임의 소가 제기된 경우에는 법원은 당사자의 신청에 의하여 가처분으로써 이
사의 직무집행을 정지할 수 있고 또는 직무대행자를 선임할 수 있다. 급박한 사정이
있는 때에는 본안소송의 제기전에도 그 처분을 할 수 있다.
② 법원은 당사자의 신청에 의하여 전항의 가처분을 변경 또는 취소할 수 있다.
③ 전2항의 처분이 있는 때에는 본점과 지점의 소재지에서 그 등기를 하여야 한다.

7   "그런데 임시의 지위를 정하기 위한 가처분에서 채무자가 될 수 있는 자는 채권자가
주장하는 법률상 지위와 정면으로 저촉되는 지위에 있는 자에 한정되므로, ① (중략)
만일 이 사건과 같이 단체를 상대로 한 대표자 선임결의의 효력정지가처분을 허용
한다면, 이는 사실상 단체를 상대로 한 직무집행정지가처분을 인정하는 것과 동일
한 결과가 된다. ② (중략) 이사 선임결의의 효력정지가처분에 관해서는 직무대행자
선임에 관해 아무런 규정이 없으므로, 선임결의의 효력이 정지되더라도 누가 어떠한
방법으로 그 하자를 치유할 것인지에 관해 적법한 해결책을 상정하기 어렵고, 오히
려 그로 인해 이사 선임을 둘러싼 법인 내부의 혼란이 가중될 개연성이 적지 아니하
다. ③ (중략) 이사 선임결의의 효력정지가처분에 관해서는 그에 대응하는 등기절차
가 법문에 규정되어 있지 아니하여 이를 법인등기부에 공시할 수 없고, 따라서 법인
과 거래하는 제3자의 안전을 해할 가능성이 높아지게 된다. 이러한 사정들을 종합해
보면, (중략) 이 사건과 같은 경우에는 앞서 본 바와 같이 채무자 법인을 상대로 선임
결의의 효력정지를 구하는 것보다는 대표권 있는 이사 개인을 상대로 직무집행정지
를 구하는 것이 더욱 합리적인 분쟁해결 방법이라 할 것이어서, 이 사건 가처분을 인
용할 만한 보전의 필요성을 인정하기 어렵다고 하겠다."

3. 효과

주주총회결의 효력정지 가처분이 발령되어 당해 주주총회결의의 효력이 정지되더라도, 대표이사가 효력이 정지된 결의를 집행할 경우 그 집행으로 발생한 거래의 효력이 문제될 수 있다. 이러한 문제를 방지하기 위하여는 주주총회결의 효력정지 가처분 신청을 할 때 그 대표이사도 피신청인으로 하여 대표이사의 결의집행금지도 함께 신청할 필요가 있다.[8]

4. 사례 (1): H사 주주총회결의 효력정지 가처분 사건

가. 사실관계

H사는 ① 특정 사업 부문을 단순·물적 분할 방식으로 분할하여 D사를 설립하고, ② 존속회사는 J사로 상호를 변경하여 중간지주회사로 전환하는 내용의 분할계획서를 작성하였다. H사는 2019. 3. 8., 2019. 5. 2.자 이사회에서 분할계획서를 승인하는 결의를 한 다음, 2019. 5. 2. 분할계획서 승인의 건 등을 안건으로 하는 임시주주총회 소집을 공고하였다. 위 공고에 따르면 임시주주총회는 2019. 5. 31. U회관에서 개최될 예정이었다.

그러자 H사 노조 등은 2019. 5. 31. U회관을 점거·봉쇄한 채 H사 주주들의 입장을 저지하는 등 임시주주총회가 개최되지 못하도록 하였다. 이에 H사는 같은 날 10:30경 총회 소집시각을 11:10, 소집장소

---

8 이 경우 신청취지는 아래와 같이 구성된다.
  1. 채무자(회사)의 별지 목록 기재 주주총회결의의 효력을 정지한다.
  2. 채무자(회사)의 대표이사는 위 결의를 집행하여서는 아니 된다.

를 C체육관으로 변경하고, 대형현수막, 공고문, 확성기 방송 등을 통해
U회관 근처에서 주주총회 개최장소, 시각 변경사실을 고지하였다. 또
한 주주총회 개최장소와 시각이 변경된 사실을 거래소 공시시스템에
공시한 다음, 주주들의 이동을 위해 45인승 버스 6대를 인근에 대기시
켰다. 위 변경된 시각과 장소에서 임시주주총회는 개최되었고, 분할계
획서 승인 안건은 가결되었다.

나. 신청이유의 요지

H사 노조 등은 H사를 피신청인으로 하여 서울중앙지방법원에
2019. 5. 31.자 임시주주총회에서 한 분할계획서 승인의 건 결의 효력정
지 가처분 신청을 하였다. 노조 등의 신청이유의 요지는 아래와 같았다.

1) H사는 분할에 반대하는 주주들의 참석을 저지할 의도로 제대로
된 통지 없이 당초 예정하지 않은 시각과 장소에서 주주총회를 개최하
였다.

2) H사 대표이사가 유고 상태가 아니었음에도 사내이사가 임시주주
총회를 진행하였는데, 이는 권한 없는 자가 주주총회를 진행한 것이다.

3) H사는 안건에 대한 어떠한 논의나 토론절차 없이 곧바로 표결절
차를 진행하였다.

4) H사는 분할계획서 승인 안건에 반대하는 주주들의 출입을 막은
다음, 안건에 찬성하는 최대주주의 대리인만이 기립하여 의결권을 행
사하는 방법으로 표결하였다. 이는 표결절차가 사실상 존재하지 않았
다고 볼 정도로 현저히 불공정한 진행방식이다.[9]

---

9   그 밖에도 신청인들은 '분할계획의 현저한 불공정'도 신청이유로 들었으나, 이 글에
    서는 주주총회의 절차적 하자와 관련된 쟁점을 중심으로 알아보겠다.

다. 법원의 판단

법원은 아래와 같은 이유를 들어 신청을 모두 기각하였다.

1) 주주총회 개최시각, 장소 변경으로 인하여 주주들의 참석권이 침해 되었는지

① H사가 주주총회의 시간과 장소를 변경하여 개최하게 된 것은 분할에 반대하는 주주들의 참석권이나 의결권을 의도적으로 박탈하기 위한 것이 아니라, 총회 자체를 저지할 목적으로 총회 개최 준비 인력 및 주주들의 U회관 입장을 막아섰던 노조의 방해행위에 주된 원인이 있다.

② H사는 법원의 가처분결정을 통해 당초 소집공고된 시간, 장소에서 주주총회를 개최하고자 노력하였지만, 노조는 법원의 가처분결정에 따르지 않고 위와 같은 방해행위를 계속하였다.[10]

③ H사 측에서 사전에 마련하여 둔 총회 시간 및 장소 변경계획은 노조의 방해행위로 인하여 U회관에서 총회 개최가 불가능한 상황을 대비한 예비계획으로 보이고, 처음부터 분할에 반대하는 주주들의 총회 참석권을 박탈하고자 작성되었다고 보기는 어렵다.

④ 총회의 검사인은 물론, 일부 노조원들도 2019. 5. 31. 11:10 이전에 변경된 총회 장소에 도착하였던 점에 비추어, 당초의 소집장소에서 변경된 소집장소까지 제때 이동하는 것이 물리적으로 불가능하였다고 단정할 수 없다.

---

10   H사는 2019. 5. 27. 노조를 상대로 주주총회의 개최 및 진행을 방해하는 행위 등의 금지를 구하는 업무방해금지 가처분 신청을 하여 이를 일부 인용하는 가처분결정을 받았고, 2019. 5. 28. 노조 지부를 상대로 U회관에 대한 인도단행 가처분 신청을 하여 이를 인용하는 가처분결정을 받은 상태였다. 그러나 노조는 2019. 5. 27. U회관에 무단으로 진입하여 외부인의 출입을 차단하고 퇴거에 불응하였고, 그로 인해 위 가처분결정들에 따른 집행은 불능이 되었다.

⑤ 주주들의 이동을 위해 준비된 버스가 곧바로 출발하지 못한 것은 노조원들이 총회의 장소가 변경된 것을 항의하며 출발을 저지한 것에도 그 원인이 있는 것으로 보이고, 현재까지 제출된 자료만으로는 분할회사가 고의적으로 출발을 지연시켰다고 단정하기 어렵다.

2) 권한 없는 사람의 주주총회 진행에 해당하는지

H사의 대표이사가 당초 소집장소인 U회관에 임하였으나 노조의 방해행위로 직접 총회장소로 이동할 경우 신변에 대한 위협과 분란이 심화될 것으로 예상하여 총회의 의장 역할을 수행할 수 없다고 판단하고 사내이사를 임시의장으로 지명하였는데, 이는 의장으로서 의사 진행을 할 수 없는 부득이한 사정이 발생한 경우에 해당한다.

3) 안건에 대한 논의 및 토론절차가 없었던 것이 결의방법상 중대한 하자에 해당하는지

① 주주가 주주총회에서 안건에 관하여 토론하거나 질문할 권리는 인정되나, 이는 회의목적사항을 적절하게 판단하는 데 필요한 범위에서 인정되는 것이고 언제나 현실적으로 토론이나 질문의 기회가 부여되어야만 비로소 그 결의가 적법해지는 것은 아니다. 따라서 주주총회의 의장이 질의·토론절차를 생략하고 곧바로 표결절차를 진행하였다고 하더라도, 그러한 의사 진행이 표결 결과의 정당성에 영향을 미칠 개연성이 있다는 등의 특별한 사정이 없는 한 그 권한 행사는 가급적 존중되어야 한다.

② 그런데 주주총회 당시 H사 노조는 C체육관의 벽체를 부수는 등 무분별하게 내부로 진입하려고 시도하면서 의사 진행 자체를 저지하려고 하였고, 그러한 소란으로 인하여 장내에서는 정상적인 의사 진행은 물론 출석주주 등 참석자들의 안전마저도 보장할 수 없었다. 이러한 과

정에서 임시의장이 토론을 생략하겠다고 한 것은 의장에게 부여된 권한을 유월한 것이라 보기 어렵다.

③ H사의 분할계획은 총회 수개월 전부터 언론을 통해 보도되었기 때문에 주주들이 그 내용의 대강에 관하여는 충분히 인지할 수 있었을 것으로 보이고, 사전에 찬반 의사를 표시하기도 하였으므로, 질의·토론 절차를 생략한 것이 표결 결과의 정당성에 영향을 미쳤다고 단정하기도 어렵다.

4) 최대주의 대리인만이 기립하여 의결권을 행사하는 방식으로 표결 절차를 행사하는 것이 현저히 불공정한 표결절차 진행방식인지

관련 법령과 H사의 정관은 주주총회의 표결·집계방법에 대하여 특별한 규정을 두고 있지 않으므로, 한국예탁결제원을 통하여 이미 찬반 의사를 표시한 주식과 총회에서 기립의 방법으로 의사를 표시한 주식을 더하여 결의에 이른 것에는 그 방법에 하자가 있다고 볼 수 없다. 한편 H사가 주주총회 당시 C체육관의 출입을 자유롭게 허용하지 않은 사실은 인정되나 이는 노조원들의 총회 방해 시도상황에서 주주총회의 질서를 유지하기 위한 부득이한 조치로 보이고, 반대주주들의 의결권을 박탈하기 위한 행위라고는 볼 수 없다.

라. 검토

상법은 이사회에서 주주총회를 소집하도록 규정하고 있고(제362조), 주주총회를 소집할 때에는 주주총회 2주 전에 각 주주에게 회의의 목적사항을 기재하여 서면이나 전자문서로 발송할 것을 규정하고 있다(제363조 제1항). 반면 주주총회의 소집통지를 한 다음, 예정된 주주총회의 일시나 장소를 변경하거나, 취소·연기하는 방식에 관하여는 규정을 두고 있지 않다.

이에 관하여 대법원은 소집통지 및 공고가 적법하게 이루어진 이후에 당초의 소집장소에서 개회를 하여 소집장소를 변경하기로 하는 결의조차 할 수 없는 부득이한 사정이 발생한 경우 소집권자가 새로운 소집절차를 거치지 아니하고 소집장소를 변경할 수 있으나, 이 경우에도 당초의 소집장소에 출석한 주주들로 하여금 변경된 장소에 모일 수 있도록 상당한 방법으로 알리고 이동에 필요한 조치를 다한 때에 한하여 적법하게 소집장소가 변경되었다고 볼 수 있다고 판시하였다(대법원 2003. 7. 11. 선고 2001다45584 판결, 대법원 2012. 2. 9. 선고 2010다2527 판결, 대법원 2016. 6. 10. 선고 2016다201685 판결).

따라서 실제 주주총회의 개최시각과 장소를 변경해야 할 상황이 된다면 ① 개최시각과 장소를 변경해야 할 부득이한 사정이 인정될 수 있는지, ② 그에 따라 개최시각과 장소를 변경한다는 내용을 주주들에게 상당한 방법으로 고지하고 이동에 필요한 조치를 다하였는지에 따라 당해 주주총회에 절차적 하자에 대한 판단이 달라질 것이고, 주주총회의 효력정지 가처분 신청의 결과도 달라질 것이다.

5. 사례 (2): E사 주주총회결의 효력정지 가처분 사건

가. 사실관계

E사의 이사회는 2020. 11. 17. '이사 선임의 건 – 주주제안(세부내역 확정 시 정정결의를 진행할 예정)'을 의안으로 2020. 12. 30. 임시주주총회를 소집하기로 결의하였고, 추후 의안을 ① 정관 일부 변경, ② E사 이사회가 추천하는 이사 선임 의안으로 정정하였다.

이후 E사는 주주총회에 앞서 의결권 대리행사를 권유하면서 주주들에게 위임장 용지와 위임장 견본, 참고서류 등을 제공하였는데, 당시

주주들에게 제공된 위임장 견본에는 E사 이사회가 제안한 의안에 대하여는 '찬성'의 표시가, 주주가 제안한 의안에 대하여는 '반대'의 표시가 각 기재되어 있었다.

주주총회 목적사항		찬성	반대
제1호 의안: 정관 일부 변경의 건		V	
제2호 의안: 사내이사 선임의 건	제2-1호 의안: 사내이사 K 선임의 건(이사회)	V	
	제2-2호 의안: 사내이사 N 선임의 건(주주제안)		V
	제2-3호 의안: 사내이사 L 선임의 건(이사회)	V	
	제2-4호 의안: 사내이사 O 선임의 건(주주제안)		V
	제2-5호 의안: 사내이사 P 선임의 건(이사회)	V	
	제2-6호 의안: 사내이사 Q 선임의 건(주주제안)		V
	제2-7호 의안: 사내이사 R 선임의 건(이사회)	V	
	제2-8호 의안: 사내이사 S 선임의 건(이사회)	V	
	제2-9호 의안: 사내이사 T 선임의 건(주주제안)		V
제3호 의안: 사외이사 선임의 건	제3-1호 의안: 사외이사 M 선임의 건(이사회)	V	
	제3-2호 의안: 사외이사 U 선임의 건(주주제안)		V
	제3-3호 의안: 사외이사 V 선임의 건(주주제안)		V

이에 따라 2020. 12. 30. 개최된 임시주주총회에서 제1호 의안(정관 변경의 건), 제2-1호 의안(사내이사 채무자 K 선임의 건), 제2-3호 의안(사내이사 채무자 L 선임의 건), 제3-1호 의안(사외이사 채무자 M 선임의 건)이 가결되었고, 나머지 의안은 부결되었다.

나. 신청이유의 요지

E사 주주들은 E사를 피신청인으로 하여 2020. 12. 30.자 임시주주총회에서 한 제1호 의안에 대하여 결의 효력정지 가처분 신청을, 제2-1, 2-3, 3-1호 의안에 따라 선임된 이사 K, L, M에 대하여 이사 직무집행정지 가처분 신청을 하였다. 주주들 주장의 요지는 아래와 같았다.

1) E사 경영진은 이 사건 주주총회에서 표 대결을 유리하게 이끌고자 자신들에게 유리한 내용의 신문기사를 내보냄으로써 주주들의 공정한 선택을 방해하였다.

2) 의결권 대리행사 권유는 주주들 사이에 이해가 상충되지 않는 중립적인 의안에 한하여 허용된다. 그런데 이 사건 주주총회에서는 주주들 사이에 이해가 상충된 의안(소수주주의 주주제안에 따른 의안과 E사의 현 경영진이 제안한 의안)에 대한 표 대결을 앞두고 있었으므로 의결권 대리행사 권유는 허용되지 않는다. 그럼에도 E사는 소속 직원과 의결권 수거업체를 동원하여 주주들에게 의결권 대리행사를 권유하였다.

3) E사가 의결권 대리행사를 권유하면서 주주들에게 위임장 견본을 제공한 것은 특정 의안에 대한 주주권 행사를 유도한 것으로 주주들의 자유로운 의결권 행사를 방해한 것이다.

4) 이 사건 주주총회는 의사정족수와 의결정족수가 충족되지 못한 중대한 하자가 있다.

5) E사 경영진은 이 사건 주주총회를 통해 기존 4인의 이사에 더하여 3인의 이사를 추가로 선임함과 동시에, 정관 변경을 통해 이사의 수를 '3인 이상 7인 이내'로 변경하였다. 이와 같은 정관 변경은 기존의 이사가 해임되지 않는 한 다른 이사가 선임될 수 없도록 만든 것으로 현 경영진의 경영권을 공고하게 한 것이므로, 이는 사회통념상 허용될 수 있는 한도를 넘어선 것이다. 따라서 이와 같은 정관 변경은 민법

제103조에서 정한 선량한 풍속 기타 사회질서에 반하여 효력이 없다.

다. 법원의 판단

법원은 아래와 같은 이유를 들어 신청을 모두 기각하였다.

1) 신청인들이 제출한 신문기사의 내용만으로는 '신문기사로 인해 이 사건 주주총회에서 주주들의 공정한 선택이 방해되었다'고 보기 어렵다.

2) 자본시장법 제152조의2 제1항에 따르면 발행인인 회사도 의결권 대리행사의 권유자가 될 수 있다. 또한 자본시장법은 의결권 대리행사 권유의 목적을 제한하고 있지 않으므로 주주제안권을 행사한 주주가 다른 주주로부터 찬성을 이끌어 내기 위해 의결권 대리행사를 권유하거나, 회사 측에서 주주의 의결권 대리행사 권유에 대항하여 회사가 제안한 의안을 가결하거나 혹은 주주가 제안한 의안을 부결시키기 위해 일반주주를 상대로 의결권 대리행사를 권유하는 것도 모두 가능하다. 따라서 의결권 대리행사 권유가 주주들 사이에 이해가 상충되지 않는 중립적인 의안에 한하여 허용된다고 할 수 없다.

또한 이 사건 주주총회에서 가결된 정관 변경 안건에는 전체 주주에게 이익이 되는 내용이 포함되어 있는 점, 회사가 의결권 대리행사 권유를 하는 것 역시 주주총회의 진행이라는 회사의 업무를 수행하는 것이라고 볼 수 있는 점 등에 비추어 보면, E사가 소속 직원이나 의결권 수거업체를 통해 주주들에게 의결권 대리행사를 권유하였다고 하더라도, 그와 같은 사정만으로 이 사건 주주총회의 소집절차나 결의방법에 어떠한 하자가 있다고 보기는 어렵다.

3) 자본시장법 제152조 제1항은 의결권 대리행사를 권유하는 경우 위임장 용지와 참고서류를 교부하도록 규정하고, 그 참고서류에 주주총회의 목적사항과 의결된 대리행사의 권유를 하는 취지 등을 기재하

고 있다. 따라서 E사가 주주들에게 의결권 대리행사를 권유하면서 위임장 견본을 제공한 것은 E사가 주주들에게 의결권 대리행사를 권유하는 취지를 밝힌 것이라고 볼 수 있다. 또한 이 사건 위임장 견본에는 어떠한 의안이 이사회 또는 주주제안에 따른 것인지가 명확하게 기재되어 있으므로, 의결권 대리행사 권유를 받은 주주들로서는 자신이 이사회가 제안한 의안과 주주제안에 따른 의안 중 어떠한 의안에 찬성할 것인지를 자유롭게 판단하여 의결권 대리행사를 할 수 있었을 것으로 보이므로 E사가 의결권 대리행사를 권유하면서 주주들에게 이 사건 위임장 견본을 제공하였다는 사정만으로 이 사건 주주총회의 소집절차나 결의방법에 하자가 있었다고 보기 어렵다.

4) 이 사건 주주총회의 의사록에는 정정된 출석 주주(178명)와 주식 수(2,588,409주)가 기재되어 있고, E사가 이 사건 주주총회 당시 출석한 주주와 주식수를 정정하였다는 점만으로 정족수를 충족하지 못하였다고 볼 수 없으며, 채권자들이 제출한 나머지 자료들만으로는 이 사건 주주총회의 정족수가 충족되지 않았다는 점이 소명되었다고 볼 수 없다.

5) E사는 상법상 이사의 정원과 관련된 제한을 위반하지 않는 범위 내에서 정관을 통해 자유롭게 이사의 정원을 정할 수 있다. 따라서 E사가 정관 변경의 요건을 구비하여 이사의 수를 '3인 이상 10인 이내'에서 '3인 이상 7인 이내'로 변경한 것은 그 자체에 어떠한 하자가 있다고 볼 수 없다. 뿐만 아니라 이 사건 주주총회에서 정관 변경이 이루어짐으로써 당장 채권자들이 추천한 이사가 선임될 수 없게 되었다고 하더라도, 채권자들은 정관 변경에 필요한 의결권을 모아 정관을 다시 변경하거나, 기존 이사들의 임기가 만료되는 경우 이사를 추천하는 등의 방법으로 자신들이 지지하는 이사를 선임할 수 있다. 따라서 이 사건 주주총회의 정관 변경 결의내용이 민법 제103조에 위반된다고 보기도 어렵다.

라. 검토

이 사건에서 가장 특징적인 사실관계는 E사가 의결권 대리행사를 권유할 때 제공한 위임장 견본에 안건별로 찬성, 반대 표시가 되어 있었던 점이다. 법원은 이처럼 주주들에게 위임장 견본을 제공한 것이 E사가 주주들에게 '의결권 행사를 권유하는 취지'를 밝힌 것이라고 볼 수 있다고 판단하였다.

자본시장법 제152조 제1항은 상장회사의 주주총회에서 의결권 대리행사를 권유하는 경우 주주들에게 위임장 용지와 참고서류를 교부하도록 규정하고 있고,[11] 같은 법 시행령 제163조 제2항은 위 참고서류에 "주주총회의 목적사항과 의결권 대리행사의 권유를 하는 취지 등이 기재되어 있어야 한다"고 규정하고 있다.[12][13] 여기서 '의결권 대리행사를 권유하는 취지'에 대하여는 더 자세한 정함이 없으나, 금융감독원은 "권

---

11 **자본시장법 제152조(의결권 대리행사의 권유)** ① 상장주권(그 상장주권과 관련된 증권예탁증권을 포함한다. 이하 이 절에서 같다)의 의결권 대리행사의 권유를 하고자 하는 자(이하 "의결권권유자"라 한다)는 그 권유에 있어서 그 상대방(이하 "의결권피권유자"라 한다)에게 대통령령으로 정하는 방법에 따라 위임장 용지 및 참고서류를 교부하여야 한다.

12 **자본시장법 시행령 제163조(위임장 용지 및 참고서류의 기재사항)** ② 법 제152조 제1항에 따른 참고서류에는 다음 각 호의 사항이 기재되어야 한다.
  1. 의결권 대리행사의 권유에 관한 다음 각 목의 사항
  가. 의결권권유자의 성명이나 명칭, 의결권권유자가 소유하고 있는 주식의 종류 및 수와 그 특별관계자가 소유하고 있는 주식의 종류 및 수
  나. 의결권권유자의 대리인의 성명, 그 대리인이 소유하고 있는 주식의 종류 및 수 (대리인이 있는 경우만 해당한다)
  다. 의결권권유자 및 그 대리인과 해당 주권상장법인과의 관계
  2. 주주총회의 목적사항
  3. 의결권 대리행사의 권유를 하는 취지

13 의결권 대리행사 권유에 관한 주요 내용은 제5장에서 살펴본 바 있다.

유 취지는 객관적 사실을 기초로 간결하게 작성되어야 하며, 사실을 과장·왜곡하거나 중요사실을 누락하여 오해를 유발하여서는 아니된다"고 해석하고 있다.[14] 이는 의결권 대리행사의 권유자의 의견이 개입될 경우 주주들의 판단에 영향을 끼칠 수 있는 점, 의결권 대리행사 권유의 주체에는 제한이 없으므로 권유자에 따라서 대리행사의 권유 취지가 달라지는 것은 부당하다는 점 등에서 충분히 이해할 수 있는 내용이다.

이 사건에서 사용된 위임장 견본 용지가 위 해석에 따라 적절한 참고서류라고 판단될 수 있는지는 이견이 있을 수 있겠다. 다만 위 용지가 주주들의 의사결정에 구체적이고 유의미한 영향을 끼쳤다고 보기 어렵다는 점에 주안점을 둔다면 이 사건 결정의 결론은 타당해 보인다. 이 사건 주주총회를 통해 가결된 안건은 회사가 '찬성' 표시를 통해 권유한 안건 중 일부에 불과하였다. 이러한 정황은 대리행사를 권유받은 주주들이 위임장 견본에 전적으로 의존하여 의사결정을 하지는 않았다는 정황이 되겠다.

Ⅲ / 주주총회결의 대상거래의 중단·진행정지 가처분

1. 개관

주주총회결의 대상거래의 중단이나 진행정지를 구하는 가처분 신청도 가능하다. 이는 주주총회의 결의 자체에 대한 효력을 정지하는 가처분이 아니라, 결의를 통해 집행이 될 '특정 거래' 자체의 중단 또는 정

---

14 기업공시 실무안내, 399쪽, 금융감독원(2020. 12.).

지를 구하는 가처분이다. 합병 등 조직변경을 하지 않겠다는 서면 약정이 있을 때, 이에 근거하여 주주총회 결의뿐만 아니라 관련 거래절차 자체의 속행 금지를 구하는 경우가 있다.[15] 그 외에 주주의 상법상 권리에 근거하여 대상거래의 중단을 구하는 사례도 발견된다.

2. 피보전권리

합병 등 조직변경을 하지 않겠다는 서면약정에 근거하여 결의 대상거래의 중단 등 가처분신청을 할 경우, 피보전권리는 서면약정에 따른 권리가 된다. 서면약정이 없더라도, 상법 제529조 제1항에 따른 주주의 합병무효의 소를 제기할 권리를 피보전권리로 하여 합병중단 가처분 신청을 하는 사례도 있다. 관련한 사례를 항을 달리하여 보겠다.

3. 사례: C사 간이합병절차중지 가처분 사례

가. 사실관계

R사는 2020. 1. 9.을 기준일로 하여 무상감자를 함에 따라 발행주식총수가 965,486주가 되었고, C사는 R사의 주식 443,144주(45.9%)를 보유하고 있었다.

R사는 2020. 11. 5.부터 2020. 12. 14. 사이에 아래와 같이 4회에 걸쳐 제3자 배정 방식으로 신주를 발행하여 이를 C사에 배정하였는데(이하 '이 사건 신주발행'), 그 결과 R사의 발행주식 총수는 5,345,309주가 되었고, C사는 R사의 주식 4,822,967주(90.2%)를 보유하게 되었다.

---

15   신우진·김지평·고정은, "주주총회 관련 가처분의 실무상 쟁점", 81~83쪽, BFL 제 84호(2017. 7.).

R사와 C사는 2021. 1.경 C사가 R사를 합병비율 1 : 1.2149533(C 사 : R사)로 흡수합병하는 내용의 합병계약을 체결하였다. R사는 2021. 1. 6. 위 합병계약의 내용과 상법 제527조의2 간이합병 규정에 의하여 주주총회의 승인을 얻지 아니하고 이사회 결의로 합병하고, C사를 제외한 나머지 주주들에게 합병교부금으로 합병가액을 기준으로 주당 130원을 지급하며 C사의 신주는 교부하지 않는다는 내용의 공고를 하였다.

나. 신청이유의 요지

R사의 주주들은 R사, C사를 피신청인으로 하여 간이합병절차중지 가처분 신청을 하였다. 신청이유는 아래와 같았다.

이 사건 신주발행은 C사가 R사를 간이합병 방식으로 흡수합병할 수 있도록 하기 위하여 상법과 정관을 위반하여 이루어진 것으로 무효이다. 이 사건 신주발행이 무효인 이상 합병 후 존속하는 회사인 C사는 합병으로 인하여 소멸하는 회사인 R사의 발행주식총수의 100분의 90 이상을 소유하고 있지 않으므로 상법 제527조의2에서 정한 간이합병 절차에 따라 두 회사의 합병을 추진할 수 없다.

다. 법원의 판단

법원은 아래와 같은 점을 들어 이 사건 신주발행이 무효라고 판단하였고, 그에 따라 C사와 R사 간 간이합병 또한 무효라고 보았다.

1) R사의 정관은 "주주는 그가 소유한 주식의 수에 비례하여 신주의 배정을 받을 권리를 갖는다."고 규정하면서, 제3자 배정 방식으로 신주를 배정할 수 있는 경우는 발행주식총수의 100분의 40을 초과하지 않는 범위에서 긴급한 자금조달, 사업상 중요한 기술도입, 연구개발, 생산, 판매, 자본제휴, 재무구조 개선 등 회사 경영상 목적을 달성하기 위한 경우로 제한하고 있다.

2) R사, C사는 자금난에 시달린 이 사건 신주발행이 R사의 긴급한 자금조달 또는 재무구조 개선을 위한 것이므로 정관에 따른 신주발행이라고 주장한다. 그러나 ① 자금을 확보하기 위해 유상증자를 할 필요성이 있었다고 하더라도 다른 주주들을 배제하고 C사로부터만 유상증자를 받을 필요성은 소명되지 않는 점, ② R사가 주주배정 방식으로 유상증자를 하려고 시도하였다고 볼 만한 자료도 없는 점, ③ C사가 R사에 추가적으로 자금을 지원한 것이 아니라 C사의 R사에 대한 기존의 채권을 출자전환하는 방식으로 신주발행이 이루어진 점 등을 종합하면, 이 사건 신주발행이 긴급한 자금조달 또는 재무구조 개선 등 기업 경영의 필요상 부득이한 사유로 제3자 배정 방식으로 이루어졌다고 보기 어렵다.

3) R사의 정관은 제3자 배정의 방식으로 신주를 발행할 때 그 발행한도를 "발행주식총수의 100분의 40을 초과하지 않는 범위 내"로 제한하고 있는데, 상장회사표준정관 주석에 따른 계산방식에 의하면 2020. 11. 25.자 및 2020. 12. 1.자 신주발행은 한도를 위반하여 신주발행가능 주식수보다 더 많은 주식수를 발행하였는바, 이 점에 있어서도 이 사건 신주발행은 하자가 있다.

라. 검토

법원은 결정문에서 주주들의 피보전권리가 상법상 합병무효의 소를 제기할 권리라고 명시하지는 않았고, 합병이 진행될 경우 주주의 R사 주식이 소멸되므로 합병을 정지하지 않으면 신주발행무효를 다툴 소의 이익이 소멸하는 점을 근거로 피보전권리를 인정하였다.[16][17] 그러나 상법 제527조의2는 합병방식의 하나로 간이합병을 명시하고 있는 점, 합병무효의 소에 관한 제529조는 무효의 소를 제기할 수 있는 합병의 종류를 제한하고 있지 않는 점 등에 비추어, 주주들은 이사회 결의로 진행되는 간이합병에 대하여도 상법 제529조에 따른 합병무효의 소를 제기할 권리를 피보전권리로 하여 합병중단 가처분 신청을 할 수 있다고 보는 것이 타당한 결론인 것으로 보인다.

법원은 이 사건 신주발행의 효력이 부인됨으로써 간이합병의 요건 또한 갖추지 못하였다고 판단하였다. 그러나 R사는 위 가처분결정을 받은 후 일반 합병절차를 추진하여 2021. 2. 8. C사와, C사가 R사를 합병비율 1: 1.2149533(C사: R사)로 흡수합병하는 내용의 합병계약을 체결한 후 2021. 2. 22. 회사 홈페이지에 합병승인을 위한 주주총회를 2021. 3. 22. 개최하겠다고 공고를 하였고, 발행주식총수의 31.31%를 보유한 주주의 의결권 위임을 받는 등 조치를 통해 합병절차를 다시 진행하였다. 불리한 가처분결정이 내려졌음에도 불구하고, 주주의 의사를 신속히 수렴하여 기존 가처분결정에 저촉되지 않는 일반합병 절차를 진행한 것은 주목할 만한 부분이다.

---

16 "앞서 본 바와 같이 이 사건 신주발행은 효력이 없고, 그에 따라 C사가 R사의 발행주식총수의 100분의 90 이상을 소유하고 있지 않으므로, R사는 간이합병절차에 따라 C사와 합병할 수 없다. 채권자는 이 사건 신주발행의 무효를 다투기 위해 신주발행무효의 소를 제기하였는데, R사가 C사에 흡수합병되는 경우 채권자가 소유한 R사의 주식은 소멸되므로 간이합병절차를 정지하지 않으면 채권자가 이 사건 신주발행의 무효를 다툴 소의 이익이 소멸하게 된다. 따라서 이 사건 신청 중 R사에 대해 간이합병절차 정지를 구하는 부분은 피보전권리 및 보전의 필요성이 소명된다."

17 한편 R사가 추후 일반합병절차를 진행한 데 대하여 주주들이 다시 합병절차중지 가처분 신청을 하면서 피보전권리를 "신주발행무효 또는 합병무효의 소 제기권"으로 한다고 주장하였으나, 법원은 이에 대한 구체적인 판단 없이 제반 사정을 들어 주주들의 피보전권리, 보전의 필요성이 충분히 소명되지 않았다고 판단하였다.

제7장

주주총회와
관련하여
문제되는
형사상 쟁점

주주총회와 관련하여 문제되는 형사상 쟁점

Ⅰ / 들어가며

경영권분쟁에서 문제될 수 있는 형사상 쟁점을 파악하는 것은 중요하다. 공격자든, 방어자든 분쟁 과정에서 위법행위로 인한 범죄 혐의가 문제될 경우, 당면한 분쟁에서 우세를 점하지 못하게 될 가능성이 높고, 또한 향후 경영권분쟁 국면에서도 좋은 결과를 얻기 어려울 것이다.

이하에서는 경영권분쟁 과정에서 쟁점이 될 수 있는 형사상 범죄 중 주주총회와 관련하여 문제되는 형사상 쟁점들에 관해 살펴본다.

Ⅱ / 주주총회 개최 과정에서 문제될 수 있는 형사책임

1. 업무방해

가. 개관

주주총회 과정에서는 다양한 방식으로 물리적인 충돌이 발생할 수 있다. 여러 미디어를 통해 주주총회의 개최에 반대하는 주주들이 주주

총회의 개최를 방해하기 위해 개최장소로의 진입로를 차단하거나, 주
주총회의 정상적인 진행을 방해하기 위해 고성을 지르는 모습을 자주
볼 수 있다. 이는 경영권분쟁 중에 있는 회사 주주총회에서 충분히 일
어날 법한 장면들이다.

위와 같은 행위들은 경우에 따라 형법상 업무방해죄가 성립할 수 있
다.[1] 업무방해죄는 허위사실 유포, 위계 또는 위력으로써 타인의 업무
를 방해한 자를 처벌하는 규정이다. 여기서 '업무'란 직업 또는 사회생
활상의 지위에 기하여 계속적으로 종사하는 사무나 사업의 일체를 의
미하며, 그 업무가 주된 것이든 부수적인 것이든 가리지 않는다.[2] 그
리고 '위력'은 범인의 위세, 사람 수, 주위의 상황 등에 비추어 피해자
의 자유의사를 제압하기 족한 세력으로, 현실적으로 피해자의 자유의
사가 제압될 것까지 요하지는 않는다(대법원 1995. 10. 12. 선고 95도1589
판결 참조).

나. 주주총회 진행 방해와 업무방해죄

판례는 의결권의 행사를 위임받은 일부 대리인들이 주주총회장에
서의 퇴장요구를 거절하면서 고성, 욕설 등을 사용하여 주주총회의 개
최, 진행을 방해한 사안에서, 주주의 의결권 행사를 위한 대리인 선임
이 무제한적으로 허용되는 것은 아니고, 그 의결권의 대리행사로 말미
암아 주주총회의 개최가 부당하게 저해되거나 혹은 회사의 이익이 부

---

[1] **형법 제314조(업무방해)** ① 제313조의 방법 또는 위력으로써 사람의 업무를 방해한
자는 5년 이하의 징역 또는 1천500만 원 이하의 벌금에 처한다.
② 컴퓨터등 정보처리장치 또는 전자기록등 특수매체기록을 손괴하거나 정보처리
장치에 허위의 정보 또는 부정한 명령을 입력하거나 기타 방법으로 정보처리에 장
애를 발생하게 하여 사람의 업무를 방해한 자도 제1항의 형과 같다.
[2] 편집대표 김대휘·김신, 주석형법: 각칙 5, 17쪽, 한국사법행정학회(2017).

당하게 침해될 염려가 있는 등의 특별한 사정이 있는 경우에는 회사는
이를 거절할 수 있다는 점을 전제한 다음, 대리인들의 위와 같은 행위는
대표이사의 정상적인 주주총회 진행을 방해하는 행위로 업무방해죄가
성립한다고 보았다(대법원 2001. 9. 7. 선고 2001도2917 판결).[3]

> **대법원 2001. 9. 7. 선고 2001도2917 판결**
> 이 사건에 관하여 보건대, 먼저 원심이 내세운 증거에 의하더라도 대주주인 공소
> 외 2로 대표되는 공소외 1 주식회사와 소수주주인 공소외 3, 공소외 4 사이에는
> 회사 운영을 둘러싸고 임대료 또는 주주배당금 청구소송이 계속되어 분쟁이 있었
> 는데, 위 회사의 총 주주 6인 중 주식의 2.4%인 240주를 소유한 공소외 4는 결산
> 및 감사보고, 배당금 결정을 안건으로 하는 1999. 3. 24.자 정기주주총회에 자신
> 이 직접 참석하고 있음에도 불구하고 위 계속중인 소송에 증거로 사용될 수 있는
> 회사의 감사보고에 관한 근거서류 등을 찾는다는 명목으로 ○○○, ○○○ 및 피
> 고인 등 5인에게 각각 자신의 주식 중 1주씩에 대한 의결권의 대리행사를 위임한
> 사실, 공소외 4가 소유한 위 주식은 타인으로부터 신탁받은 것이거나 혹은 타인
> 을 위하여 주식을 가지고 있는 경우에 해당하지 아니할 뿐만 아니라 회의일의 3
> 일 전까지 회사에 대하여 서면으로 의결권을 불통일행사하겠다는 뜻과 이유를 통

---

3 해당 사안에서는 주주총회에 참석한 의결권 대리인이 회사 사무실을 뒤져 원하는 장
부를 찾아내기도 하였는데, 판례는 위 행위가 형법상 방실수색죄를 구성한다고 보
았다.
"회사의 정기주주총회에 적법하게 참석한 주주라고 할지라도 주주총회장에서의 질
문, 의사진행 발언, 의결권의 행사 등의 주주총회에서의 통상적인 권리행사 범위를
넘어서서 회사의 구체적인 회계장부나 서류철 등을 열람하기 위하여는 별도로 상법
제466조 등에 정해진 바에 따라 회사에 대하여 그 열람을 청구하여야 하고, 만일 회
사에서 정당한 이유 없이 이를 거부하는 경우에는 법원에 그 이행을 청구하여 그 결
과에 따라 회계장부 등을 열람할 수 있을 뿐 주주총회 장소라고 하여 회사 측의 의사
에 반하여 회사의 회계장부를 강제로 찾아 열람할 수는 없다고 할 것이며, 설사 회사
측이 회사 운영을 부실하게 하여 소수주주들에게 손해를 입게 하였다고 하더라도 위
와 같은 사정만으로 주주총회에 참석한 주주가 강제로 사무실을 뒤져 회계장부를 찾
아내는 것이 사회통념상 용인되는 정당행위로 되는 것은 아니다."

지한 바도 없었던 사실, 그런데 공소외 4와 그로부터 의결권의 대리행사를 위임 받은 피고인 등은 1999. 3. 24. 위 주주총회 장소인 공소외 1 주식회사 사무실에 출석하여 주주총회 의장인 공소외 2가 피고인 등에게 밖으로 나가라고 요구하였 음에도 불구하고 피고인 등이 이를 거절하여 공소외 2 측과 피고인 측 사이에 고 성과 욕설이 오가던 중 공소외 2는 위와 같은 상황에서는 주주총회를 진행할 수 없다는 이유로 주주총회장 밖으로 나가버린 사실이 인정되는바, 이와 같은 사실 관계 하에서라면 주주인 공소외 4 자신이 직접 주주총회에 참석하면서도 소유 주 식 중 일부에 관한 의결권의 대리행사를 피고인 등 5인에게 나누어 위임하는 것 은 의결권의 행사를 위하여 필요한 정당한 범위 내라기 보다는 회사 대주주 측에 서 참가하는 주주 수보다 회사와 민사소송을 벌이고 있는 소수주주 측 참가자 수 를 더 많게 함으로써 주주총회에서 자신들의 위세를 과시하여 정상적인 주주총회 의 진행을 저해할 의도가 있다고 보일 뿐만 아니라, 결산 및 감사보고와 배당금에 관한 의결을 목적으로 하는 정기주주총회에 참석한 주주의 대리인이 회사의 감사 보고에 관한 근거서류를 일일이 요구하는 것은 주주의 의결권 대리행사를 위하 여 참석한 대리인의 권한 범위 내에 포함된다고 보기도 어려우므로, 위 공소외 2 로서는 공소외 4가 선임한 의결권 행사 대리인인 피고인 등이 위 주주총회에 참 석하는 것을 적법하게 거절할 수 있었던 것으로 보이고, 그럼에도 불구하고 피고 인 등이 공소외 2의 나가달라는 요구를 거절하면서 다수의 힘을 빌어 고성과 욕 설을 사용함으로써 공소외 2가 위와 같은 험악한 분위기 속에서 더 이상 주주총 회를 개최, 진행하지 못하고 포기하게 만든 것은 위력으로 주주총회의 개최업무 를 방해하였다고 보기에 충분하다고 할 것이다.

다만 주주총회에서 주주들이 항의한다는 사실만으로 업무방해죄가 성립하지는 않는다. 업무방해죄의 성부를 판단한 사례는 아니나, 판례 는 주주총회에서 주주들의 거센 항의에 의장인 대표이사가 독단으로 퇴장한 사안에서 남은 주주들이 임시의장을 선임하여 진행한 결의의 적법성을 인정하고, 이에 근거하여 당해 주주총회의사록 등이 자격모 용사문서작성, 공정증서원본불실기재죄 등에 해당하지 않는다고 판단 하기도 하였다(대법원 1983. 8. 23. 선고 83도748 판결).

대법원 1983. 8. 23. 선고 83도748 판결
개회 선언된 임시주주총회에서 의안에 대한 심사도 아니한 채 법률상으로나 사실
상으로 의사를 진행할 수 있는 상태에서 주주들의 의사에 반하여 대표이사나 이
사가 자진하여 퇴장한 경우 임시주주총회가 개회되었다거나 종결되었다고 할 수
는 없으며, 설령 당시 대표이사가 독단으로 개회선언을 하고 퇴장하였더라도 의
장으로서 적절한 의사운영을 하여 의사일정의 전부를 종료케 하는 등의 직책을
포기하고 그의 권한 및 권리행사를 하지 아니하였다고 볼 것이니 그 당시 회의장
에 남아있던 총 주식수의 과반수 이상의 주주들이 전 주주의 동의로서 임시의장
을 선출하여 진행한 임시주주총회 결의는 적법하다.
→ 1976. 8. 16. 09:00 인천시 남구 학익동 270 소재 학익시장 건물 옥상에서
○○○○주식회사 총 주식수 2,000주의 과반수 주주들이 참석하여 당시 그 회사
대표이사이던 ○○○이 임시주주총회의 성립을 선언하자 주주들이 대표이사인
○○○에게 회사재산을 마음대로 처분하였다고 항의하게 되고 그때 마침 갑자기
소나기가 내려 위 건물 옥상에 있던 위 ○○○과 주주들이 옥상과 문 하나 사이
로 바로 인접한 같은 건물 내 송죽다방으로 회의장소를 옮기게 된 사실, 그때 옥
상에 참석하지 아니하고 다방에 앉아있던 주주들 마저 합세하여 ○○○에 대하
여 회사재산처분에 대하여 항의를 하게 되었고 그 처지가 불리한 것으로 판단한
위 ○○○과 이사 ○○○은 아무런 말없이 그 회의장소에서 퇴장하여버려 회사
의 이사들이 없는 상태였으나 회사의 총 주식수의 과반수 주주들이 계속 다방에
머물고 있게 되어 그들 주주들의 전원 동의로 10:30경 피고인 1을 임시의장으로
선출하여 임시주주총회를 진행하여 당일의 의안대로 출석한 주주들의 과반수 이
상의 찬성에 의하여 당시 대표이사 ○○○과 이사 전원을 해임하고 피고인들과
공소외 ○○○을 이사로 선임하는 결의를 하고 이어 이사회를 개최하여 이사 전
원의 찬성으로 대표이사에 피고인 1이 선출되었으며 이에 따라 이건 임시주주총
회 회의록, 이사회 회의록이 작성되고 또한 이사 및 대표이사 변경등기를 한 사례.

다. 주주총회에서 보호대상이 되는 '업무'

판례는 주주총회에서 보호대상이 되는 업무는 '대표이사'의 업무이
고, '주주'의 주주총회 의결권 행사는 주식의 보유자로서 그 자격에서
권리를 행사하는 것에 불과할 뿐 그것이 직업 기타 사회생활상의 지위
에 기하여 계속적으로 종사하는 사무 또는 사업'에 해당한다고 할 수

없으므로 업무방해죄에서 말하는 업무에 해당하지 않는다는 입장이다 (대법원 2004. 10. 28. 선고 2004도1256 판결).

대법원 2004. 10. 28. 선고 2004도1256 판결
1. 원심은 그 설시의 증거를 종합하여, 공소외 주식회사의 대표이사인 피고인이 위 회사의 직원 130여 명과 공모하여 2001. 3. 30. 개최된 위 회사의 주주총회에서 위력으로 ○○○ 등 21명의 개인주주들이 발언권과 의결권을 행사하지 못하도록 방해한 사실을 인정한 다음, 주주로서 발언권 또는 의결권을 행사하는 것은 주주라는 사회생활상 지위에 기하여 주식을 보유하는 동안 계속되는 것이므로 형법상 업무방해죄의 보호대상이 되는 '업무'에 해당한다고 판단하여 피고인의 위 행위를 업무방해죄로 처단한 제1심판결을 그대로 유지하였다.
2. 그러나 형법상 업무방해죄의 보호대상이 되는 '업무'라 함은 직업 기타 사회생활상의 지위에 기하여 계속적으로 종사하는 사무 또는 사업을 말하는 것인데(대법원 1995. 10. 12. 선고 95도1589 판결 등 참조), <u>주주로서 주주총회에서 의결권 등을 행사하는 것은 주식의 보유자로서 그 자격에서 권리를 행사하는 것에 불과할 뿐 그것이 '직업 기타 사회생활상의 지위에 기하여 계속적으로 종사하는 사무 또는 사업'에 해당한다고 할 수 없으므로, 피고인이 제1심 판시와 같은 행위를 하였다고 하더라도 주주로서의 권리행사를 방해한 것에 해당하는지는 별론으로 하고 주주들의 업무를 방해하였다고는 볼 수 없다.</u>

한편 업무방해죄에서 업무는 직업 기타 사회생활상의 지위에 기하여 '계속적'으로 종사하는 사무 또는 사업을 말하는데, 대표이사가 1회성으로 진행되는 임시주주총회를 진행하는 것 또한 '계속성'의 요건을 충족하는지 문제될 수 있다. 이에 관하여 판례는, 행위 자체는 1회성을 갖는 것이라고 하더라도 계속성을 갖는 본래의 업무수행의 일환으로서 행해지는 것이라면 업무방해죄에 의하여 보호되는 업무에 해당한다고 판시하면서 임시주주총회에서도 업무방해죄가 성립할 수 있다고 보았다(대법원 2012. 5. 9. 선고 2010도14568 판결, 대법원 1995. 10. 12. 선고 95도1589 판결). 종합하면, 주주총회의 진행이 방해될 경우 방해되는 업무는

'대표이사'의 의사진행 업무이지 주주의 의결권 행사 등 업무가 아니고,
피해자 또한 대표이사가 된다는 점을 유의해야 한다.

대법원 2012.5.9 선고 2010도14568 판결

업무방해죄에 있어서의 업무라 함은, 직업 또는 사회생활상의 지위에 기하여 계
속적으로 종사하는 사무 또는 사업을 말하는 것인바, 여기에서 말하는 사무 또는
사업은 그것이 사회생활적인 지위에 기한 것이면 족하고 경제적인 것이어야 할
필요는 없으며, 또 그 행위 자체는 1회성을 갖는 것이라고 하더라도 계속성을 갖
는 본래의 업무수행의 일환으로서 행하여지는 것이라면 업무방해죄에 의하여 보
호되는 업무에 해당한다(대법원 1995. 10. 12. 선고 95도1589 판결 등 참조).
원심판결의 이유에 의하면, 원심은 그 채택 증거를 종합하여 ① ○○○ 회사는
2009. 6. 25. 14:00경 울산 남구 신정1동에 있는 주식회사 ○○공사 울산지사
사무실 내에서, 울산지방법원 2009비합○○ 주주총회 소집허가신청에 대한 허
가결정에 따라, ○○○ 회사의 이사 김01, 신01, 문01, 감사 ○○○의 해임 및 후
임 이사와 감사 선임을 목적으로 하는 임시주주총회를 개최한 사실, ② 임시주주
총회에서 김02이 임시의장으로 선출되어 위 주주총회를 진행하게 되었는데, 위
주주총회에서 피고인은 임시의장 김02에게 욕설을 하면서 회의진행을 방해하기
시작하였고, 이에 대하여 의장인 김02이 피고인의 퇴장을 명하자 길이 2미터 가
량의 탁자를 김02에게 던져 탁자 위 유리판이 떨어져서 깨어지고, 탁자의 다리가
부러진 사실, 피고인의 위와 같은 행위로 결국 임시주주총회가 무산된 사실을 인
정한 후, ○○○ 회사의 임시주주총회 자체가 1회성을 갖는 것이라고 하더라도
○○○ 회사가 법인으로서의 계속적으로 행하는 업무수행의 일환으로 개최된 것
으로서, 이러한 업무는 형법 제314조 소정의 업무방해죄에 의하여 보호되는 업
무에 해당된다고 할 것이고, 피고인의 행위를 전체적으로 관찰하여 볼 때, 피고
인의 행위가 자신의 주주권 행사에 대한 권리침해에 대항하여 한 자구행위로 볼
수도 없다고 판단한 후 이 부분 공소사실을 유죄로 인정한 제1심을 유지하였다.
위 법리와 기록에 비추어 살펴보면, 원심의 이러한 판단은 수긍할 수 있고, 거기
에 업무방해죄에 관한 법리를 오해하는 등의 위법이 없다.

라. 대표이사의 '업무'

대표이사의 업무가 업무방해죄가 보호하는 업무로 평가되기 위해서는 대표이사의 선임절차 등이 적법하고, 대표이사가 회사의 업무수행을 할 권리가 있어야 할 것이다. 판례는 피고인 등 이전 경영진이 주주총회에 의해 선출된 새로운 경영진의 출입을 막고 회사 경영에 필요한 각종 서류들을 가지고 나온 사안에서, 새로운 경영진이 선출된 주주총회에 절차적 하자가 없으므로 그 선임절차에 위법이 없다는 점을 전제한 다음, 피고인의 행위를 새 경영진의 업무를 방해한 행위에 해당한다고 판시하였다(대법원 2008. 11. 27. 선고 2008도6486 판결).

> 대법원 2008. 11. 27. 선고 2008도6486 판결
> 원심은, 제1심이 적법하게 채용한 증거들을 종합하여 그 판시와 같은 사실을 인정한 다음, 피고인이 ○○○ 등 새로운 경영진들의 출입을 막고 ○○○ 회사의 경영에 필요한 각종 서류들을 가지고 나온 행위 자체만으로 새로운 경영진들의 자유의사를 제압할 만한 위력에 해당하고, 나아가 피고인이 의결권 행사를 위임받은 주주들의 위임장 및 인감증명 사본만을 총회에 제출하고 그 원본을 제시 또는 제출하지 아니한 이상, 그 위임 주식 16,215주를 제외한 나머지 주식들만을 유효한 출석 주식으로 인정하여 진행된 이 사건 주주총회에 어떠한 위법사유가 있다고 보기 어려우며, ○○○ 등이 이 사건 주주총회에서 적법한 절차를 거쳐 ○○○ 회사의 경영진으로 선출되어, 피고인 등 이전 경영진이 계속적으로 수행해오던 ○○○ 회사의 업무를 인수받아 다시 그 업무를 계속하여 수행할 권리가 있다고 할 것인데, 피고인은 새 경영진의 회사 사무실 출입을 저지하면서 새 경영진에게 업무의 인수인계를 거부하고 각종 회계장부 등 회사 관련 자료를 가지고 나옴으로써 새 경영진들이 이전 경영진으로부터 이어받아 장래에 연속적으로 수행해야 할 ○○○ 회사의 업무를 수행하지 못하도록 방해하였음이 인정되므로, 피고인에게는 업무방해죄가 성립한다고 판단한 다음, 그 판시와 같은 이유로 피고인에게 위 총회의 결의사항은 따르지 않아도 된다고 믿었을 만한 정당한 사유가 있었다고 보기도 어렵다고 판단하였다.
> 원심판결 이유를 앞서 본 법리와 기록에 비추어 살펴보면, 주주총회에서 적법한 절차를 거쳐 ○○○ 회사의 새로운 대표이사 등으로 선출된 새 경영진이 회사 사

무실에 출입하려는 것은 경영업무의 수행을 위한 것이지 종전 경영진의 회사 사무실에 대한 사실상 점유를 자력 구제의 방식으로 배제하려는 것으로까지 볼 수는 없으므로, 피고인이 새 경영진의 회사 사무실 출입을 저지하면서 새 경영진에게 업무의 인수인계를 거부하고 각종 회계장부 등 회사 관련 자료를 가지고 나오는 것과 같은 위력을 사용한 행위는 새 경영진 내지 회사에 대한 업무방해의 결과를 초래할 위험을 야기하였다고 봄이 상당하고, 이러한 점에서 원심의 사실인정 및 판단은 정당한 것으로 수긍할 수 있다.

　한편 이사에 대한 직무집행정지 가처분결정으로 인하여 대표이사의 직무가 정지된 사안에서, 당해 대표이사의 업무가 업무방해죄의 보호를 받는 업무에 해당하는지 문제된다. 판례는 ① 직무집행정지 가처분결정 등으로 직무가 정지된 사람의 업무는 업무방해죄의 '업무'로 볼 수 없다고 판시하였다(대법원 2002. 8. 23. 선고 2001도5592 판결). 반면 ② 직무집행정지 가처분결정으로 인하여 직무대행자로 선임된 사람이 직무대행자로서 업무를 하였으나 추후 가처분결정이 기각된 경우에는, 기각되기 전 직무대행자가 행한 업무는 업무방해죄의 '업무'에 해당한다고 보고 있다(대법원 1998. 8. 25. 선고 98도1155 판결).

대법원 2002. 8. 23. 선고 2001도5592 판결
형법상 업무방해죄의 보호대상이 되는 '업무'라 함은 직업 또는 계속적으로 종사하는 사무나 사업을 말하는 것으로서 타인의 위법한 행위에 의한 침해로부터 보호할 가치가 있는 것이면 되고, 그 업무의 기초가 된 계약 또는 행정행위 등이 반드시 적법하여야 하는 것은 아니며, 다만 어떤 사무나 활동 자체가 위법의 정도가 중하여 사회생활상 도저히 용인될 수 없는 정도로 반사회성을 띠는 경우에는 업무방해죄의 보호대상이 되는 '업무'에 해당한다고 볼 수 없음은 원심이 설시한 바와 같다(대법원 1996. 11. 12. 선고 96도2214 판결, 2001. 11. 30. 선고 2001도2015 판결 등 참조).

그러나 법원의 직무집행정지 가처분 결정에 의하여 그 직무집행이 정지된 자가 법원의 결정에 반하여 직무를 수행함으로써 업무를 계속 행하고 있다면, 그 업무는 국법질서와 재판의 존엄성을 무시하는 것으로서 사실상 평온하게 이루어지는 사회적 활동의 기반이 되는 것이라 할 수 없고, 비록 그 업무가 반사회성을 띠는 경우라고까지는 할 수 없다고 하더라도 법적 보호라는 측면에서는 그와 동등한 평가를 받을 수밖에 없으므로, 그 업무 자체는 법의 보호를 받을 가치를 상실하였다고 하지 않을 수 없다(그 업무를 행하는 자에 대하여 별도의 위법한 법익침해가 가해진 경우 그 침해된 법익에 관하여 보호를 하는 것은 별론이다). 만약 이러한 업무를 업무방해죄에서 말하는 업무라고 한다면 이는 한 쪽에서는 법이 금지를 명한 것을 다른 쪽에서는 법이 보호하는 결과가 되어 결국 법질서의 불일치와 혼란을 야기하는 결과에 이를 것이다.

그런데 원심이 확정한 사실관계 및 기록에 의하면, 피고인이 ○○○를 상대로 조합장직무대행정지 가처분 신청을 하여 법원으로부터 피고인과 위 조합 사이의 조합장지위확인의 소의 본안판결 확정시까지 ○○○는 조합장 직무대행의 직무를 집행하여서는 아니 됨과 아울러 피고인이 조합장으로서 행하는 일체의 직무집행을 방해하여서는 아니 된다는 내용의 가처분 결정이 내려졌고, 그 결정은 위 공소사실 기재 일시 이전에 이미 ○○○에게 적법하게 송달된 사실, 그런데 ○○○는 피고인이 함께 신청한 대의원회의 소집정지 가처분 신청이 기각되었음을 빌미로 일부 조합원들을 등에 업고 새로운 조합장 선출을 위한 대의원회의를 강행하기 위하여 조합장직무대행 직무를 계속 수행하려고 한 사실이 인정되는바, 사정이 이러하다면, 법원의 가처분결정에 의하여 ○○○의 조합장직무대행 직무가 정지되고 오히려 동인이 피고인의 조합장으로서의 직무집행을 방해하여서는 아니 되는 이상 그 결정을 무시한 채 그에 반하여 행해지는 동인의 업무는 더이상 사실상 평온하게 이루어지는 사회적 활동의 기반이 되는 것이라 할 수 없어 법의 보호를 받을 가치를 상실하였다 하지 않을 수 없고, 따라서 업무방해죄에서 말하는 업무에 해당한다고 할 수 없는 것이며, 비록 피고인이 적법한 절차에 의하여 ○○○로부터 조합장 업무를 인수하지 아니하고 공소사실 적시와 같은 유형력을 일부 행사하여 조합의 사무실을 이전하였고 그것이 상당성을 잃은 행위라고 할지라도, 피고인이 그 유형력의 행사와 관련하여 별도로 형사처벌을 받는 것은 별론으로 하고 그러한 사정만으로 ○○○의 업무자체가 법의 보호를 받을 수 있는 업무가 되는 것은 아니라 할 것이다. 그리고 대의원회의 소집정지 가처분 신청이 기각되어 대의원회를 소집ㆍ개최하지 않을 수 없다고 하더라도 ○○○의 직무집행이 정지된 이후의 대의원회의의 소집ㆍ개최에 관한 업무는 더 이상 ○○○의

> 업무라고 할 수 없다고 할 것이다.
> 그럼에도 불구하고, 위 가처분 인용결정 송달 이후의 ○○○의 조합장직무대행 업무를 업무방해죄에서 말하는 업무에 해당한다는 이유로 피고인을 유죄로 인정한 원심은 업무방해죄에 관한 법리를 오해함으로써 판결의 결과에 영향을 미친 위법을 범하였다 할 것이므로, 이 점을 지적하는 상고이유의 주장은 정당하다.

> **대법원 1998. 8. 25. 선고 98도1155 판결**
> 원심이, 이 사건 범죄사실을 유죄로 인정한 것은 옳고, 거기에 상고이유의 주장과 같은 사실오인 등의 위법이 없다.
> 그리고 피해자가 B위원회 사무총장이 아니므로 그가 사무총장 업무를 수행하는 것은 불법이고, 따라서 이에 대항한 피고인의 행위도 정당행위거나 정당방위라는 주장은 항소이유로 내세운 바 없는 새로운 주장으로 적법한 상고이유가 될 수 없고, 형법상 업무방해죄의 보호대상이 되는 '업무'라 함은 직업 또는 계속적으로 종사할 사무나 사업을 말하는 것으로서 타인의 위법한 행위에 의한 침해로부터 보호할 가치가 있는 것이면 충분하므로(대법원 1996. 11. 12. 선고 96도2214 판결 참조), 직무집행정지 및 대행자 선임 가처분 사건 판결에 의하여 선임된 B위원회 회장 직무대행자가 피해자를 사무총장으로 임명하였고, 그의 업무를 피고인이 위력으로 방해하였다면, 그 후 위 가처분 판결이 파기되어 가처분 신청이 기각되었다 하여 그 업무가 업무방해죄의 보호대상이 아닌 것으로 된다고 할 수도 없다.
> 따라서 상고이유는 모두 받아들이지 아니한다.

2. 이익공여(상법위반)

상법은 주주의 권리행사와 관련하여 회사가 재산상의 이익을 공여할 수 없고, 그럼에도 재산상의 이익을 공여할 경우에는 공여받은 자는 이를 회사에 반환하도록 규정하고 있다(제467조의2).[4] 이외에도, 상법은 주식회

---

4   **상법 제467조의2(이익공여의 금지)** ① 회사는 누구에게든지 주주의 권리행사와 관련하여 재산상의 이익을 공여할 수 없다.
   ② 회사가 특정의 주주에 대하여 무상으로 재산상의 이익을 공여한 경우에는 주주의 권리행사와 관련하여 이를 공여한 것으로 추정한다. 회사가 특정의 주주에 대하여 유상으로 재산상의 이익을 공여한 경우에 있어서 회사가 얻은 이익이 공여한 이

사의 이사, 집행임원, 감사위원회 위원, 감사 등이 회사의 계산으로 주주의 권리행사와 관련하여 재산상의 이익을 공여할 경우, 1년 이하의 징역 또는 300만 원 이하의 벌금에 처하도록 하고 있다(제634조의2).

> **상법 제634조의2(주주의 권리행사에 관한 이익공여의 죄)**
> ① 주식회사의 이사, 집행임원, 감사위원회 위원, 감사, 제386조 제2항·제407조 제1항 또는 제415조의 직무대행자, 지배인, 그 밖의 사용인이 주주의 권리 행사와 관련하여 회사의 계산으로 재산상의 이익을 공여(供與)한 경우에는 1년 이하의 징역 또는 300만 원 이하의 벌금에 처한다.
> ② 제1항의 이익을 수수하거나, 제3자에게 이를 공여하게 한 자도 제1항과 같다.

판례는 경영권분쟁이 벌어지고 있는 상황에서 대표이사가 주주들에게 주주총회 사전투표기간에 의결권을 행사할 시 20만 원 상당의 상품교환권 등을 제공한 사안에서, 제공된 상품교환권의 액수나 규모가 상당한 점, 상품교환권을 제공받은 주주들이 이익을 제공한 당사자에게 대거 투표한 점 등을 종합하여 대표이사의 상법위반죄를 긍정하였다(대법원 2018. 2. 8. 선고 2015도7397 판결).[5]

익에 비하여 현저하게 적은 때에도 또한 같다.
③ 회사가 제1항의 규정에 위반하여 재산상의 이익을 공여한 때에는 그 이익을 공여받은 자는 이를 회사에 반환하여야 한다. 이 경우 회사에 대하여 대가를 지급한 것이 있는 때에는 그 반환을 받을 수 있다.
④ 제403조 내지 제406조의 규정은 제3항의 이익의 반환을 청구하는 소에 대하여 이를 준용한다.
5 구체적인 사실관계는 당해 판결의 하급심 판결인 창원지방법원 2015. 4. 29. 선고 2014노2934 판결 참조.

대법원 2018. 2. 8. 선고 2015도7397 판결

상법상 주주의 권리행사에 관한 이익공여의 죄는 주주의 권리행사와 관련 없이 재산상 이익을 공여하거나 그러한 관련성에 대한 범의가 없는 경우에는 성립할 수 없다. 피고인이 재산상 이익을 공여한 사실은 인정하면서도 주주의 권리행사와 관련 없는 것으로서 그에 대한 범의도 없었다고 주장하는 경우에는, 상법 제467조의2 제2항, 제3항 등에 따라 회사가 특정 주주에 대해 무상으로 또는 과다한 재산상 이익을 공여한 때에는 관련자들에게 상당한 법적 불이익이 부과되고 있음을 감안하여야 하고, 증명을 통해 밝혀진 공여행위와 그 전후의 여러 간접사실들을 통해 경험칙에 바탕을 두고 치밀한 관찰력이나 분석력에 의하여 사실의 연결상태를 합리적으로 판단하여야 한다.

한편 주주의 권리행사와 관련된 재산상 이익의 공여라 하더라도 그것이 의례적인 것이라거나 불가피한 것이라는 등의 특별한 사정이 있는 경우에는, 법질서 전체의 정신이나 그 배후에 놓여 있는 사회윤리 내지 사회통념에 비추어 용인될 수 있는 행위로서 형법 제20조에 정하여진 '사회상규에 위배되지 아니하는 행위'에 해당한다. 그러한 특별한 사정이 있는지는 이익공여의 동기, 방법, 내용과 태양, 회사의 규모, 공여된 이익의 정도 및 이를 통해 회사가 얻는 이익의 정도 등을 종합적으로 고려하여 사회통념에 따라 판단하여야 한다.

위와 같은 법리와 적법하게 채택된 증거들에 비추어 살펴보면, 원심판결의 이유 설시에 일부 적절하지 아니한 부분이 있지만, 피고인이 대표이사로서 회사의 계산으로 사전투표와 직접투표를 한 주주들에게 무상으로 20만 원 상당의 상품교환권 등을 각 제공한 것은 주주총회 의결권 행사와 관련된 이익의 공여로서 사회통념상 허용되는 범위를 넘어서는 것이어서, 상법상 주주의 권리행사에 관한 이익공여의 죄에 해당한다고 본 원심의 결론은 정당하다. 거기에 상고이유 주장과 같이 주주의 권리행사와 관련한 이익공여금지에 관한 법리를 오해한 위법이 없다.

3. 의결권 대리행사 권유 관련(자본시장법위반)

주주의 의결권 대리행사는 무제한적으로 허용되는 것은 아니고, 그 의결권 대리행사로 말미암아 주주총회의 개최가 부당하게 저해되거나 회사의 이익이 부당하게 침해될 염려가 있는 등의 특별한 사정이 있는

경우에는 회사에서 이를 거절할 수 있다(대법원 2001. 9. 7. 선고 2001도 2917 판결 참조).

한편 '회사' 또한 의결권 대리행사를 권유할 경우 일정한 규정을 준수하여야 한다. 자본시장법은 상장주권의 의결권 대리행사를 권유방법에 관하여 규정하고 있고(제152 내지 제158조), ① 위임장용지, 참고서류의 중요사항을 허위로 기재하거나 기재하지 않은 경우(제444조 제19호), ② 자본시장법이 정하는 방법을 위반하여 의결권 대리행사의 권유를 한 경우(제445조 제21호),[6] ③ 투자설명서, 참고서류 등을 제출하지 않거나 금융위원회의 정정요구를 따라 정정서류를 제출하지 않은 경우(제446조 제21, 27호)에 행위자를 처벌하는 규정을 두고 있다.

> **자본시장법 제444조(벌칙)** 다음 각 호의 어느 하나에 해당하는 자는 5년 이하의 징역 또는 2억 원 이하의 벌금에 처한다.
> 19. 제154조에 따른 위임장 용지 및 참고서류 또는 제156조에 따른 정정서류 중 의결권피권유자의 의결권 위임 여부 판단에 중대한 영향을 미칠 수 있는 사항(이하 이 호에서 "의결권 위임 관련 중요사항"이라 한다)에 관하여 거짓의 기재 또는 표시를 하거나 의결권 위임 관련 중요사항을 기재 또는 표시하지 아니한 자
> **제445조(벌칙)** 다음 각 호의 어느 하나에 해당하는 자는 3년 이하의 징역 또는 1억 원 이하의 벌금에 처한다.
> 21. 제152조 제1항 또는 제3항을 위반하여 의결권 대리행사의 권유를 한 자 **제446조(벌칙)** 다음 각 호의 어느 하나에 해당하는 자는 1년 이하의 징역 또는 3천만 원 이하의 벌금에 처한다.
> 21. 제123조 제1항, 제137조 제1항 또는 제153조를 위반하여 투자설명서(집합투자증권의 경우 제124조 제2항 제3호에 따른 간이투자설명서를 포함한다), 공개매수설명서 또는 위임장 용지 및 참고서류를 제출하지 아니한 자
> 27. 제156조 제3항 후단을 위반하여 정정서류를 제출하지 아니한 자

---

6   금융감독원은 제445조 제21호에 따른 행위를 "위임장용지, 참고서류 미교부"로 해석하고 있다[기업공시 실무안내, 405쪽, 금융감독원(2020)].

Ⅲ / 주주총회 과정에서 발생할 수 있는 문서 관련 형사책임

1. 개관

임시주주총회 소집허가신청, 이사회결의 등을 통해 주주총회의 개최를 시도하고, 주주총회를 실제 개최한 다음 그에 따른 결의를 집행하는 과정에서는 다양한 문서죄가 문제될 수 있다. 작성자가 명의자가 아니거나 문서를 작성할 적법한 권한이 없다면 사문서위조, 자격모용사문서작성 등 죄가 문제될 수 있고, 하자 있는 결의에 따라 등기가 될 경우 공정증서원본불실기재죄 등이 성립할 가능성도 있다. 이하에서 살펴본다.

2. 사문서위조

작성권한이 없는 사람이 타인의 명의로 문서를 작성할 경우 사문서위조죄가 성립한다.[7] 경영권분쟁 과정에서 작성권한 없이 타인 명의의 문서(의결권 위임장, 이사 사임서 등)를 작성하는 여러 경우를 상정할 수 있는데, 이러한 행위는 모두 사문서위조죄에 해당한다. 판례는 1인회사의 1인주주라고 하더라도 임원변경(이사 사임)을 위해 작성 권한 없이 제3자인 이사의 사임서를 작성하였다면 이는 사문서위조죄를 구성하고, 이에 기하여 등기부를 기재하였다면 공정증서원본불실기재죄가 성립한다고 보았다(대법원 1992. 9. 14. 선고 92도1564 판결).

---

7   **형법 제231조(사문서등의 위조·변조)** 행사할 목적으로 권리·의무 또는 사실증명에 관한 타인의 문서 또는 도화를 위조 또는 변조한 자는 5년 이하의 징역 또는 1천만원 이하의 벌금에 처한다.

> **대법원 1992. 9. 14. 선고 92도1564 판결**
> 이른바 1인회사에 있어서 1인주주의 의사는 바로 주주총회나 이사회의 의사와 같은 것이어서 가사 주주총회나 이사회의 결의나 그에 의한 임원변경등기가 불법하게 되었다 하더라도 그것이 1인주주의 의사에 합치되는 이상 이를 가리켜 의사록을 위조하거나 불실의 등기를 한 것이라고는 볼 수 없다 하겠으나 한편 <u>임원의 사임나 이에 따른 이사사임등기는 위와 같은 주주총회나 이사회의 결의 또는 1인주주의 의사와는 무관하고 오로지 당해 임원의 의사에 따라야 하는 것이므로 당해 임원의 의사에 기하지 아니한 사임서의 작성이나 이에 기한 등기부의 기재를 하였다면 이는 사문서위조 및 공정증서원본불실기재의 죄책을 면할 수 없는 것이다(</u>당원 1981. 6. 9. 선고 80도2641 판결 참조).
> 이 사건에서 보면 ○○회사의 이사이던 망 ○○○이 이사직에서 사임한 바 없고, 생전에 1인주주인 피고인에게 사임의 의사를 밝힌 바도 인정이 안 되는데 피고인이 위 ○○○의 사망 후에 판시와 같이 사망으로 인한 퇴임절차 대신 사임에 의한 퇴임절차를 밟은 것이라면 이는 사문서위조 및 공정증서원본불실기재죄의 죄책을 져야 하는 것이고 거기에 소론과 같이 범의가 없다거나 사회적 비난가능성이 없다고 할 수 없다. 결국 같은 취지의 원심판단은 정당하고 이를 탓하는 논지는 이유 없다.

　자연인이 아닌 '회사' 명의의 문서의 경우에도 작성자의 작성권한 여부에 따라 사문서위조죄의 성부가 달라진다. 판례는 피고인이 ① A 회사(주식회사 ○○건설)의 대표이사이면서 ② B 회사(주식회사 △△) 대표이사의 포괄적 위임을 받아 업무를 처리하는 와중 A 회사 명의, B 회사 명의 세금계산서와 영수증을 모두 작성한 사안에서, ① A 회사 대표이사로서 작성한 문서는 그것이 대표이사의 권한남용에 따라 작성되었다고 하더라도 사문서위조죄에 해당하지 않는 반면, ② B 회사 대표이사 명의로 작성한 문서는 대표이사로부터 개별적·구체적 위임 또는 승낙을 받아 작성한 문서가 아니기 때문에 사문서위조죄에 해당한다고 판단하였다(대법원 2008. 11. 27. 선고 2006도2016 판결).

대법원 2008. 11. 27. 선고 2006도2016 판결

주식회사의 대표이사가 그 대표 자격을 표시하는 방식으로 작성한 문서에 표현된 의사 또는 관념이 귀속되는 주체는 대표이사 개인이 아닌 주식회사이므로 그 문서의 명의자는 주식회사라고 보아야 한다. 따라서 위와 같은 문서 작성행위가 위조에 해당하는지는 그 작성자가 주식회사 명의의 문서를 적법하게 작성할 권한이 있는지에 따라 판단하여야 하고, 문서에 대표이사로 표시되어 있는 사람으로부터 그 문서 작성에 관하여 위임 또는 승낙을 받았는지에 따라 판단할 것은 아니다(대법원 1975. 9. 23. 선고 74도1684 판결 등 참조).

원래 주식회사의 적법한 대표이사는 회사의 영업에 관하여 재판상 또는 재판외의 모든 행위를 할 권한이 있으므로, 대표이사가 직접 주식회사 명의 문서를 작성하는 행위는 자격모용사문서작성 또는 위조에 해당하지 않는 것이 원칙이다. 이는 그 문서의 내용이 진실에 반하는 허위이거나 대표권을 남용하여 자기 또는 제3자의 이익을 도모할 목적으로 작성된 경우에도 마찬가지이다(대법원 1980. 4. 22. 선고 79도3034 판결, 대법원 1983. 10. 25. 선고 83도2257 판결 등 참조). 그러나 주식회사의 적법한 대표이사라 하더라도 그 권한을 포괄적으로 위임하여 다른 사람으로 하여금 대표이사 업무를 처리하게 하는 것은 허용되지 않는 것이므로, 대표이사로부터 포괄적으로 권한 행사를 위임받은 사람이 주식회사 명의로 문서를 작성하는 행위는 원칙적으로 권한 없는 사람의 문서 작성행위로서 자격모용사문서작성 또는 위조에 해당하고, 대표이사로부터 개별적·구체적으로 주식회사 명의 문서 작성에 관하여 위임 또는 승낙을 받은 경우에만 예외적으로 적법하게 주식회사 명의로 문서를 작성할 수 있을 뿐이다(대법원 1975. 11. 25. 선고 75도2067 판결, 대법원 1991. 2. 26. 선고 90도577 판결 등 참조).

앞서 본 법리에 위 인정 사실을 비추어 살펴보면, 먼저 피고인과 공소외 1이 '주식회사 △△ 대표이사 공소외 2'로 표시하여 허위 내용 영수증과 세금계산서를 작성한 행위는 주식회사 △△ 명의의 영수증과 세금계산서를 위조하는 행위에 해당한다. 비록 공소외 1이 주식회사 △△의 적법한 대표이사인 공소외 2의 포괄적인 위임을 받아 위 회사의 대표이사 업무를 처리하고 있었다고 하더라도, 공소외 2의 위와 같은 대표이사 권한의 포괄적인 위임은 원칙적으로 허용될 수 없는 것이고, 더구나 피고인을 위하여 주식회사 △△에게 불리한 내용의 허위 영수증과 세금계산서를 작성해주는 행위는 대표이사 공소외 2가 대표이사 권한을 포괄적으로 위임한 취지의 범위 내에 속한다고 단정하기 어렵기 때문이다. 따라서 피고인과 공소외 1이 대표이사 공소외 2의 개별적·구체적인 위임 또는 승낙을 받지 않고 주식회사 △△ 명의의 허위 영수증과 세금계산서를 작성하여 행사한 행

위는 권한 없이 주식회사 △△ 명의의 문서를 작성하여 행사한 행위로서 사문서위조죄 및 위조사문서행사죄를 구성한다.
그러나 피고인과 공소외 1이 '주식회사 ○○건설 대표이사 공소외 3'으로 표시하여 허위 내용 영수증과 세금계산서를 작성한 행위는 주식회사 ○○건설 명의의 영수증과 세금계산서를 위조하는 행위에 해당하지 아니한다. 공소외 1이 주식회사 ○○건설의 적법한 대표이사인 이상, 그 권한이 제한되어 있는 특별한 경우가 아니라면 직접 ○○건설 명의 문서를 작성하는 행위는 위조에 해당하지 않는 것이 원칙이고, 이는 문서의 내용이 이미 퇴임한 대표이사를 대표이사로 표시하는 등과 같이 진실에 반하는 허위인지, 대표권을 남용하여 자기 또는 제3자의 이익을 도모할 목적으로 문서를 작성한 것인지 또는 대표이사로 표시된 공소외 3 개인으로부터 그 문서 작성에 관하여 위임 또는 승낙을 받았는지 등에 따라 달라지는 것이 아니기 때문이다. 따라서 피고인과 공소외 1이 주식회사 ○○건설 명의의 영수증과 세금계산서를 작성하여 행사한 행위는 비록 그 내용이 사실과 다르고 작성에 관하여 공소외 3으로부터 승낙을 받지 않았다고 하더라도 권한 없이 주식회사 ○○건설 명의의 문서를 작성하여 행사한 행위에 해당하지 않아 사문서위조죄나 위조사문서행사죄를 구성하지 아니한다.

3. 자격모용사문서작성

자격모용사문서작성죄는 타인의 대리권 또는 대표권이 없는 사람이 그 타인의 대리인 또는 대표자의 자격을 사칭하여 그 타인의 문서를 작성하는 경우 성립한다.[8] 대리권 또는 대표권이 없는 사람이 그 자격을 사칭하는 경우 외에도, 대리권자나 대표권자가 그 권한을 초월하여 대리 또는 대표 자격을 표시한 본인의 문서를 작성하는 경우, 대리권 소멸 후 대리인 자격을 모용하여 본인의 문서를 작성하는 경우에도

---

8 **형법 제232조(자격모용에 의한 사문서의 작성)** 행사할 목적으로 타인의 자격을 모용하여 권리·의무 또는 사실증명에 관한 문서 또는 도화를 작성한 자는 5년 이하의 징역 또는 1천만 원 이하의 벌금에 처한다.

같은 죄가 성립할 수 있다.[9]

자격모용사문서작성죄는 주로 경영권분쟁 중 대표이사가 변경되는 과정에서 문제될 수 있다. 대표이사직에서 사임한 사람이 여전히 대표이사의 명의로 문서(이사회 의사록 등)를 작성하거나, 아직 대표이사로 선임되지 않은 사람이 대표이사의 명의로 문서를 작성하는 경우가 대표적이다.

자격을 모용하였는지 또한 사문서위조죄에서와 같이 작성 당시 작성자가 '작성권한'을 보유하고 있다고 볼 수 있는지에 따라 판단해야 한다. 다만 이사의 임기가 만료되었으나 새로운 이사선임결의에 하자가 있다고 다투어지는 경우, 직무집행정지 가처분결정이 내려졌다가 취소된 경우 등 작성자의 작성권한이 있는지 분명하지 않은 경우가 있을 수 있다.

판례는 민법상 법인의 이사나 감사 전원 또는 그 일부의 임기가 만료되었다고 하더라도, ① 후임 이사가 선임되지 않았거나 또는 후임 이사가 선임되었다고 하더라도 그 선임결의가 무효이고 임기가 만료하지 아니한 다른 이사만으로는 정상적인 법인의 활동을 할 수 없는 경우, ② 임기가 만료한 구 이사로 하여금 법인의 업무를 수행하게 함이 부적당하다고 인정할 만한 특별한 사정이 없는 한, 구 이사는 후임 이사가 선임될 때까지 종전의 직무를 수행할 수 있다고 본 다음, 그러한 이사가 회사 명의의 문서를 작성할 경우 자격모용사문서작성죄를 구성하지 않는다고 판단하였다(대법원 2007. 7. 26. 선고 2005도4072 판결). 다만 후임 이사가 유효하게 선임되었는데도 그 선임의 효력을 둘러싼 다툼이 있다고 하여 그 다툼이 해결되기 전까지는 후임 이사에게는 직무수행권한이 없고 임기가 만료된 구 이사만이 직무수행권한을 가진다

9   편집대표 김대휘·김신, 주석 형법: 형법각칙 2, 616쪽, 한국사법행정학회(2017).

고 할 수는 없다고 보면서, 선임의 효력을 둘러싼 다툼이 있었던 와중에 후임 이사가 작성한 회사 명의 문서가 자격모용사문서작성죄에 해당하지는 않는다고 본 사례도 있다(대법원 2006. 4. 27. 선고 2005도8875 판결).

> 대법원 2006. 4. 27. 선고 2005도8875 판결
> 민법상 법인의 이사나 감사 전원 또는 그 일부의 임기가 만료되었음에도 불구하고 그 후임 이사나 감사의 선임이 없거나 또는 그 후임 이사나 감사의 선임이 있었다고 하더라도 그 선임결의가 무효이고, 임기가 만료되지 아니한 다른 이사나 감사만으로는 정상적인 법인의 활동을 할 수 없는 경우, 임기가 만료된 구 이사나 감사로 하여금 법인의 업무를 수행케 함이 부적당하다고 인정할 만한 특별한 사정이 없는 한, 구 이사나 감사는 후임 이사나 감사가 선임될 때까지 종전의 직무를 수행할 수 있다 할 것이나(대법원 1998. 12. 23. 선고 97다26142 판결, 2005. 3. 25. 선고 2004다65336 판결), 후임 이사가 유효하게 선임되었는데도 그 선임의 효력을 둘러싼 다툼이 있다고 하여 그 다툼이 해결되기 전까지는 후임 이사에게는 직무수행권한이 없고 임기가 만료된 구 이사만이 직무수행권한을 가진다고 할 수는 없다.
> 원심이 적법하게 확정한 사실관계에 의하면, 피고인은 위 조합 제11대 이사장 선거에서 최다득표를 하여 당선된 후 전임 이사장인 공소외인의 임기만료에 따라 이사장으로 취임하였고, 다만 위 선거의 결과를 둘러싼 다툼으로 인하여 피고인과 공소외인 사이에 민사소송이 있었으나 법원으로부터 피고인이 적법한 당선자라는 취지의 판결이 선고되고 확정됨으로써 위와 같은 다툼도 결국 해결되었다는 것인바, 그렇다면 피고인은 이 사건 각 범행 당시 이미 위 조합 이사장으로서의 권한을 가지고 있었다고 할 것이다.

다만 이사에 대하여 직무집행정지 가처분결정이 있는 경우, 후임 이사의 선임결의가 무효라고 하더라도 그 가처분결정이 취소되지 않은 상태에서 가처분결정을 받은 이사가 가처분결정이 있음을 알고서도 이사의 자격으로 이사회의 의사록과 위임장을 작성하면 이는 자격모용사문서작성죄에 해당한다(대법원 2007. 7. 26. 선고 2005도4072 판결 참조).

> **대법원 2007. 7. 26. 선고 2005도4072 판결**
> 위 인정사실에 의하면 피고인 1은 전임 회장으로서 이 사건 가처분 결정에 의하여 그 직무집행이 정지될 때까지, 피고인 3은 전임 이사로서 후임 이사의 적법한 선임이 있을 때까지(이 사건 가처분 결정은 피고인 1만에 대한 것이어서 피고인 3에게는 효력이 미치지 않는다) 각 대종회의 직무를 수행할 수 있다고 할 것이므로, 그 사이에 피고인 1과 피고인 3이 각 대종회 회장 및 이사 자격으로 작성한 이사회 의사록 및 위임장은 자격을 모용하여 작성한 문서라고 할 수 없고, 다만 이 사건 가처분결정이 있은 후에는 그 가처분결정이 취소되지 않은 상태에서 피고인 1이 대종회 회장의 자격으로 이사회 의사록과 위임장을 작성할 수는 없다고 할 것이므로 피고인이 그와 같은 가처분결정이 있음을 알고서도 이를 작성한 이상 이는 자격모용에 의한 문서작성죄에 해당한다고 할 것이다(비록 그 후에 가처분결정이 취소되고 피고인 1이 공소외 1을 상대로 한 서울지방법원 OO호 직무집행정지 등 가처분 사건에서 피고인 1의 신청을 인용하는 가처분결정이 있었다고 하더라도, 위 가처분결정이 당연무효가 아닌 한 그 가처분결정이 취소될 때까지는 마찬가지라 할 것이다. 이와 배치되는 상고이유의 주장은 이유가 없다). 반면에, 피고인 2에게는 대종회 이사로서의 업무를 계속 수행하게 함이 부적당한 특별한 사정이 인정되는 이상, 그가 이 사건 총회 이후에 대종회 이사 자격으로 작성한 이사회 의사록은 자격을 모용하여 작성한 문서에 해당한다.

4. 공정증서원본(공전자기록)불실기재

공정증서원본·공전자기록불실기재죄는 공무원이 아닌 사람이 공무원에게 허위의 신고를 함으로써 이러한 사실을 알지 못하는 공무원을 이용하여 공정증서, 공전자기록 등 특수한 공문서에 허위사실을 기재하게 하는 경우 성립한다.[10] 여기서 공정증서는 공무원이 직무상 작성하는

---

10 **형법 제228조(공정증서원본 등의 불실기재)** ① 공무원에 대하여 허위신고를 하여 공정증서원본 또는 이와 동일한 전자기록등 특수매체기록에 부실의 사실을 기재 또는 기록하게 한 자는 5년 이하의 징역 또는 1천만 원 이하의 벌금에 처한다.
② 공무원에 대하여 허위신고를 하여 면허증, 허가증, 등록증 또는 여권에 부실의

문서로서 권리·의무에 관한 사실을 증명하는 효력을 가진 문서를 말하며, 전산상 관리되는 회사의 법인등기부는 공전자기록에 해당한다. 따라서, 경영권분쟁 과정에서 일방에 의해 허위의 사실이 회사의 법인등기부에 기재될 경우, 이는 공전자기록등불실기재죄를 구성할 것이다.

공정증서원본불실기재죄에서 명시하는 '허위의 사실'은 권리·의무 관계에 중요한 의미를 갖는 사항이 객관적인 진실에 반하는 것을 말한다(대법원 2013. 1. 24. 선고 2012도12363 판결 참조).[11] 대법원은 '주금가장납입'의 경우에도 주금가장납입이 형식적으로는 주금의 납입이라는 사실이 존재하나 실질적으로는 주금의 납입이 있다고 볼 수 없으므로 그러한 사실을 상업등기부에 기재하게 하였다면 공정증서원본불실기재죄 및 동행사죄가 성립한다고 보았다(대법원 1987. 11. 10. 선고 87도2072 판결).[12]

공전자기록인 등기부에 기재된 이사선임 등과 관련한 내용이 객관적인 진실에 반하는 것인지 판단함에 있어, 판례는 등기부에 기재된 사

사실을 기재하게 한 자는 3년 이하의 징역 또는 700만 원 이하의 벌금에 처한다.

[11] "형법 제228조 제1항이 규정하는 공정증서원본불실기재죄나 공전자기록등불실기재죄는 특별한 신빙성이 인정되는 권리의무에 관한 공문서에 대한 공공의 신용을 보장함을 보호법익으로 하는 범죄로서 공무원에 대하여 진실에 반하는 허위신고를 하여 공정증서원본 또는 이와 동일한 전자기록 등 특수매체기록에 그 증명하는 사항에 관하여 실체관계에 부합하지 아니하는 '부실(不實)의 사실'을 기재 또는 기록하게 함으로써 성립하므로, 여기서 '부실의 사실'이란 권리의무관계에 중요한 의미를 갖는 사항이 객관적인 진실에 반하는 것을 말한다."

[12] "주금가장납입의 경우 현실적으로 주금액에 상당한 금원의 납입이라는 사실이 존재하기는 하나, 그 납입은 오로지 증자에 즈음하여 등기를 하기 위한 편법에 지나지 아니하고 실질적으로는 주금의 납입이 없는 가장납입으로서 이를 숨기고 마치 주식인수인에 의한 납입이 완료된 것처럼 등기공무원에 대하여 허위신고를 하여 증자를 한 취지의 등기신청을 함으로써 상업등기부원본에 그 기재를 하게 하였다면 이는 공정증서원본불실기재 및 동행사죄가 성립한다."

항에 관한 '주주총회결의의 효력'을 기준으로 판단하고 있다. 구체적으로, 판례는 공정증서원본에 기재된 사항이 외관상 존재하는 사실이라 하더라도 이에 무효나 부존재에 해당되는 흠이 있다면 그 기재는 불실기재에 해당되나, 그것이 객관적으로 존재하는 사실이고 이에 취소사유에 해당되는 하자가 있을 뿐인 경우에는 그 취소 전에 그 사실의 내용이 공정증서원본에 기재된 이상 그 기재가 공정증서원본불실기재죄를 구성하지 않는다고 보았다(대법원 2009. 2. 12. 선고 2008도10248 판결, 대법원 1993. 9. 10. 선고 93도698 판결 등).

대법원 1993. 9. 10. 선고 93도698 판결
공정증서원본에 기재된 사항이 외관상 존재하는 사실이라 하더라도 이에 무효나 부존재에 해당되는 하자가 있다면 그 기재는 불실기재에 해당된다 할 것이나 그 것이 객관적으로 존재하는 사실이고 이에 취소사유에 해당되는 하자가 있을 뿐인 경우에는 취소되기 전에 그 결의내용이 공정증서원본에 기재된 이상 그 기재가 공정증서원본불실기재죄를 구성하지는 않는다 할 것이다.

기록에 의하여 살펴보면 공소외 주식회사 ○○회사는 주주총회의 소집에 관하여 그 정관 제17조에 임시주주총회는 필요한 경우에 수시 소집한다고 규정하고 있을 뿐 그 소집방법에 관하여는 특별한 규정을 두고 있지 아니하므로 위 회사의 대표이사인 황○○에게 주주총회의 소집권한이 있다 할 것인데, 원심 거시의 증거에 의하면 원 판시 1991. 8. 10.자 주주총회는 위 ○○회사의 대표이사인 황○○에 의하여 소집되지는 아니하였지만 총회 소집을 위한 이사회의 결의에 의하여 주주인 정○○, 김○○, 도○○(각 24%), 박○○(1%) 등이 참석하였고 이사인 도○○이 망 윤○○의 처 한○○에게 총회 소집을 통지한 사실(다만 각 1%의 주주인 임○○, 김○○, 최○○ 등에게는 총회의 소집 통지가 누락되었다)을 알 수 있으므로 원심으로서는 마땅히 위 주주총회는 누구에 의하여 소집통지되었는지, 피고인 도○○이 이사회에서 소집권한을 위임받았다고 볼 여지가 있는지를 좀더 세밀히 살펴 만일 대표이사 아닌 이사 도○○이 이사회의 소집결의에 따라서 주주총회를 소집한 것이라면 위 주주총회에 있어서 소집절차상의 하자는 주주총회결의의 취소사유에 불과하고(위 주주총회결의가 취소의 소에 의하여 취소되었다고 인정할 만한 증거가 없다) 그것 만으로 바로 주주총회결의가 무효이거나 부존재가 되는 것이라고 볼 수는 없다 할 것이다.

주식회사의 임시주주총회가 법령 및 정관상 요구되는 이사회의 결의나 소집절차 없이 이루어졌더라도 주주 전원이 참석하여 총회를 개최하는 데 동의하고 아무런 이의 없이 만장일치로 결의가 이루어졌다면 그 결의는 특별한 사정이 없는 한 유효하고, 그 결의에 따른 등기는 실체관계에 부합하는 것으로서 불실의 사항을 기재한 등기에 해당하지 않는데(대법원 2014. 5. 6. 선고 2013도15895 판결 참조), 이 또한 주주총회의 효력에 따라 판단하는 기준에서 이해할 수 있다.

대법원 2014. 5. 16. 선고 2013도15895 판결
주식회사의 임시주주총회가 법령 및 정관상 요구되는 이사회의 결의나 소집절차 없이 이루어졌다고 하더라도, 주주 전원이 참석하여 총회를 개최하는 데 동의하고 아무런 이의 없이 만장일치로 결의가 이루어졌다면 그 결의는 특별한 사정이 없는 한 유효하고, 그 결의에 따른 등기는 실체관계에 부합하는 것으로 이를 불실의 사항을 기재한 등기라고 할 수 없다(대법원 2002. 12. 24. 선고 2000다69927 판결 등 참조).
(생략) 위 사실관계에 의하면 피고인이 공소외 3의 위임이나 동의를 받아 기존 감사를 해임하고 새로운 감사와 이사를 선임하기로 하고 그러한 내용으로 주주총회 의사록을 작성하였을 가능성이 있고, 이와 같이 주주가 2인인 주식회사에서 다른 주주의 위임이나 동의를 받아 위와 같은 감사의 변경과 이사의 선임에 관한 결의가 있었던 것으로 주주총회 의사록을 작성하였다면, 비록 적법한 주주총회 소집절차를 거치지 않았고 실제로 주주총회를 개최하지 않았더라도 주주 전원의 의사에 따른 유효한 결의가 있었다고 볼 수 있으므로(대법원 2008. 6. 26. 선고 2008도1044 판결 등 참조), 이 부분 공소사실 기재 각 등기는 실체관계에 부합하는 것으로 불실의 사항을 기재한 등기라고 할 수 없게 된다.
따라서 위와 같은 사정 아래에서라면 원심으로서는 위 감사의 변경과 이사의 선임에 관하여 공소외 3의 위임이나 동의가 있었는지 등을 더 심리하여 이 부분 공소사실 기재 각 등기가 실체관계에 부합하는 등기인지를 따져 보았어야 함에도 불구하고, 원심은 그 판시와 같은 이유만을 들어 이 부분 공소사실 기재 각 등기가 불실등기에 해당한다고 판단하여 유죄로 인정하였으므로, 이러한 원심판결에는 공전자기록등불실기재죄 등의 성립에 관한 법리를 오해하여 필요한 심리를 다하지 아니함으로써 판결에 영향을 미친 잘못이 있다.

주주총회의 효력이라는 기준에 따르면, 1인주주인 회사의 경우에는 특별한 사정이 없는 한 주주총회의 효력이 부인되지 않을 것이므로, 공전자기록등불실기재죄가 성립하는 경우를 쉽게 상정하기 어렵다. 다만 판례는 1인회사의 경우에도 임원 사임등기를 하는 경우, 당해 임원의 의사에 따라야 하는 것이므로 당해 임원의 의사에 반하여 사임서를 작성하고 이에 기하여 등기부에 기재하는 것은 사문서위조죄 및 공정증서원본불실기재죄에 해당한다고 보았다(대법원 1992. 9. 14. 선고 92도1564 판결).[13]

대법원 1992. 9. 14. 선고 92도1564 판결

이른바 1인회사에 있어서 1인주주의 의사는 바로 주주총회나 이사회의 의사와 같은 것이어서 가사 주주총회나 이사회의 결의나 그에 의한 임원변경등기가 불법하게 되었다 하더라도 그것이 1인주주의 의사에 합치되는 이상 이를 가리켜 의사록을 위조하거나 불실의 등기를 한 것이라고는 볼 수 없다 하겠으나 한편 임원의 사임서나 이에 따른 이사사임등기는 위와 같은 주주총회나 이사회의 결의 또는 1인주주의 의사와는 무관하고 오로지 당해 임원의 의사에 따라야 하는 것이므로 당해 임원의 의사에 기하지 아니한 사임서의 작성이나 이에 기한 등기부의 기재를 하였다면 이는 사문서 위조 및 공정증서원본불실기재의 죄책을 면할 수 없는 것이다(당원 1981. 6. 9. 선고 80도2641 판결 참조).

이 사건에서 보면 ○○회사의 이사이던 망 ○○○이 이사직에서 사임한 바 없고, 생전에 1인주주인 피고인에게 사임의 의사를 밝힌 바도 인정이 안되는데 피고인이 위 ○○○의 사망 후에 판시와 같이 사망으로 인한 퇴임절차 대신 사임에 의한 퇴임절차를 밟은 것이라면 이는 사문서위조 및 공정증서원본불실기재죄의 죄책을 져야 하는 것이고 거기에 소론과 같이 범의가 없다거나 사회적 비난가능성이 없다고 할 수 없다. 결국 같은 취지의 원심판단은 정당하고 이를 탓하는 논지는 이유 없다.

---

13 반면 '임원해임등기'의 경우, 1인주주의 권한에 따라 언제든지 해임할 수 있기 때문에 공정증서원본 불실기재죄에 해당하지 않는다(대법원 1996. 6. 11. 선고 95도2817 판결 참조).

제8장

업무상횡령,
업무상배임과
관련된
형사상 쟁점

업무상횡령, 업무상배임과 관련된 형사상 쟁점

I / 들어가며

일반적인 경우 경영권분쟁은 전임 경영권자와 후임 경영권자가 대립하면서 발생한다. 전임 경영권자가 경영권을 다시 확보하기 위한 시도를 하거나 후임 경영권자가 전임 경영권자를 완전히 배제하기 위한 시도를 하는 과정에서 경영권분쟁이 발생하는 것이다. 이러한 과정에서 상대방을 무력화하기 위하여 업무상횡령 또는 업무상배임으로 고소·고발하는 경우가 빈번하다.

고소인 또는 고발인 입장에서는 재산범죄 관련 고소 또는 고발을 제기하여 상대방이 기소 또는 유죄 판결을 받을 경우 경영권분쟁에 있어서 승기를 잡을 수 있을 것이나 만약 불기소처분 또는 무죄판결을 받게 되면 회복하기 어려울 정도로 주도권을 잃을 우려가 많다는 점을 유의할 필요가 있고, 따라서 고소를 제기함에 있어서 신중을 기할 필요가 있다. 이와 반대로 피고소인 또는 피고발인 입장에서는 고소·고발을 당했을 경우 최선을 다해 방어하면서 본인이 검토하고 결정했던 회사 운영 및 거래 방식의 정당성을 주장해야 할 필요가 있다.

이하에서는 경영권분쟁 과정에서 쟁점이 될 수 있는 업무상횡령, 업무상배임 관련 사항들에 관해 살펴보고자 한다.

Ⅱ / 업무상횡령 관련 형사책임

1. 비자금 문제

가. 개관

비자금이란 법인의 회계장부에서 처리되는 공적 자금이 아니라 법인 운영자나 관리자가 변칙회계 등을 통하여 법인회계로부터 분리하여 별도로 관리하는 법인의 자금을 말한다. 비자금을 조성하는 대표적인 수법으로는 ① 회계서류에 누락하는 경우, ② 회계서류에 대여금 등 정상적인 자금 명목으로 회계처리를 하여 둔 경우, ③ 정상적인 계약을 가장하여 대금을 지급한 후 대금 일부를 제3자 명의 계좌로 도로 지급받는 경우 등이 있다.

비자금을 조성하였다는 이유만으로 곧바로 범죄가 성립하는 것은 아니고, 다양한 범죄 구성요건을 충족해야 업무상횡령죄가 성립한다. 특히 비자금 조성 및 사용과 관련하여 업무상횡령의 구성요건인 '불법영득의사의 인정' 여부가 주로 쟁점으로 대두된다. 이하에서 상세히 살펴본다.

나. 불법영득의사 관련 쟁점

횡령죄가 성립하려면 불법영득의사가 인정되어야 한다. 불법영득의사는 보관하고 있는 타인의 재물을 자기 또는 제3자의 이익을 꾀할 목적으로 임무에 위배하여 자기의 소유인 것과 같이 사실상 또는 법률상 처분하는 의사를 의미한다.

비자금 조성행위 자체로 불법영득의사가 인정될 수 있는지에 관하여, 대법원은 "비자금이 법인을 위한 목적이 아니라 법인의 자금을 빼내어 착복할 목적으로 조성한 것임이 명백히 밝혀진 경우에는 조성행위 자체로써 불법영득의 의사가 실현된 것으로 볼 수 있다."고 판단하고 있다(대법원 2006. 6. 27. 선고 2005도2626 판결 등). 즉 비자금을 조성하기만 하였더라도 그러한 행위가 법인의 자금을 착복할 목적임이 명백할 경우, 불법영득의사가 인정될 수 있다는 것이다.

비자금의 사용내역은 비자금의 조성목적을 판단하는 데 중요한 지표가 된다. 비자금이 조성된 사실만으로 불법영득의사를 판단하는 것은 어렵기 때문이다. 만일 비자금이 법인의 이익을 위한 목적으로 사용된 것이 아니라는 점이 명확하다면, 당해 비자금 조성행위는 불법영득의사가 넉넉히 인정될 것이다.

다만 비자금이 현금으로 인출되어 사용되면 객관적인 증거를 통해 사용내역을 특정하는 것이 현실적으로 불가능하다. 대법원은 이러한 난점을 고려하고 있다. 대법원은 "피고인이 보관·관리하던 비자금을 인출·사용하였음에도 그 자금의 행방이나 사용처를 제대로 설명하지 못하거나 당사자가 주장하는 사용처에 그 비자금이 사용되었다고 볼 수 있는 자료는 현저히 부족하고 오히려 개인적인 용도에 사용하였다는 신빙성 있는 자료가 훨씬 많은 것과 같은 경우에는 비자금의 사용행위가 불법영득의 의사에 의한 횡령에 해당하는 것으로 추단된다."라고 판시하고 있다(대법원 2009. 2. 26. 선고 2007도7484 판결 등). 동시에 대법원은 "피고인들이 불법영득의사의 존재를 인정하기 어려운 사유를 들어 비자금의 행방이나 사용처에 대한 설명을 하고 있고 이에 부합하는 자료도 제시한 경우에는 피고인들이 보관·관리하고 있던 비자금을 일단 다른 용도로 소비한 다음 그만한 돈을 별도로 입금 또는 반환한 것이라는 등의 사정이 인정되지 않는 한, 함부로 그 비자금을 불법영득의사로 인출·사용함으로써 횡령하였다고 단정할 것은 아니다."라고 판시하면서 불법영득의사가 지나치게 넓게 인정되는 것 또한 경계하고 있다(대법원 1994. 9. 9. 선고 94도998 판결, 대법원 2002. 7. 26. 선고 2001도5459 판결 등).

구체적으로 불법영득의사를 인정하기 위하여는 ① 비자금의 사용이 회사의 운영과정에서 통상적으로 발생하는 비용에 대한 지출(부담)로서 회사가 그 비용을 부담하는 것이 상당하다고 볼 수 있는지, ② 비자금 사용의 구체적인 시기, 대상, 범위, 금액 등에 대한 결정이 객관적, 합리적으로 적정하게 이루어졌는지(다만 비자금 사용에 관하여 회사 내부규정이 존재하지 않거나 이사회 결의 등을 거치지 않았다고 하더라도, 그러한 사정만으로 바로 불법영득의사의 존재가 인정되는 것은 아니다) 등을 비롯하여 그 ③ 비자금을 사용하게 된 시기, 경위, 결과 등을 종합적으로 고려하여야 한다(대법원 2009. 2. 26. 선고 2007도4784 판결 등 참조).

2. M&A 관련 업무상횡령

회사의 설립이나 증자 과정에서 주금을 납입하여 납입금보관증명서, 설립(증자) 등기를 받은 다음 주금을 다시 인출하는 이른바 '가장납입' 사안에서 납입된 주금을 다시 인출한 행위가 업무상횡령죄를 구성하는지 문제될 수 있다. 이에 관하여 판례는 가장납입은 상법상 주금 납입의 효력은 발생하나(대법원 1997. 5. 23. 선고 95다5790 판결), 발기인이나 이사 등에 대하여는 상법상 납입가장죄,[1] 형법상 공정증서(공전자기록)원본불실기재죄 및 동행사죄가 성립하는 반면, <u>가장납입 자체로 회</u>

---

[1] **상법 제628조(납입가장죄등)** ① 제622조 제1항에 게기한 자가 납입 또는 현물출자의 이행을 가장하는 행위를 한 때에는 5년 이하의 징역 또는 1천500만 원 이하의 벌금에 처한다.
② 제1항의 행위에 응하거나 이를 중개한 자도 제1항과 같다.

사의 자본이 증가되는 것이 아니기 때문에 불법영득의사를 인정하기
어려우므로 업무상횡령죄가 성립하지 않는다고 보고 있다(대법원 2004.
6. 17. 선고 2003도7645 전원합의체 판결).[2] 다만 주금이 납입된 후 인출
하여 반환한 경우에도 사실관계에 따라 주금 납입으로 실질적으로 회
사의 자본이 증가된 것으로 보아 처음부터 가장납입의 의사가 존재하
지 않았다고 할 수 있는 경우 등에서는 불법영득의사를 인정하여 업무
상횡령죄를 긍정하기도 한다(대법원 2011. 9. 29. 선고 2011도8110 판결).

그리고 주식회사의 주주 겸 대표이사가 신주발행 절차에서 자신이
취득할 주식을 타인에게 매도하고자 하면서 양도소득세 등의 부담을
피하기 위해 주식매수인이 회사에 대해 직접 신주를 인수하면서 그 인
수대금을 개인적으로 사용하는 경우가 있다. 이러한 사안에 관하여, 대
법원은 "회사에 대한 관계에서 신주인수인은 대표이사가 아니라 주식
매수인이라고 할 것이므로, 대표이사가 주식매수인으로부터 받은 주
식매매대금은 신주인수대금이라 할 것이어서 이를 보관 중 개인적인
용도로 사용한 경우 횡령죄를 구성한다."고 판시하며 대표이사의 업무
상횡령죄를 긍정하고 있다(대법원 2006. 10. 27. 선고 2004도6503 판결).

한편 M&A를 빙자하여 후임 경영권자가 사익 추구를 위해 피인수
기업을 부실화시키는 행태, 특히 이를 전문적으로 행하는 기업사냥꾼
들의 불법적인 행태에 대하여 업무상횡령죄가 적용되어 형사처벌이
이루어지는 사례가 빈번하게 발생하고 있다는 점을 주목할 필요가 있
다. 예컨대 유명 기업사냥꾼이 무자본으로 코스닥 상장사를 인수 후 운

2　한편 신주발행에 있어서 대표이사가 납입의 이행을 가장한 경우에는 상법 제628조
　제1항에 의한 가장납입죄가 성립하는 이외에 따로 기존 주주에 대한 업무상배임죄
　를 구성한다고는 할 수 없다(대법원 2004. 6. 17. 선고 2003도7645 전원합의체 판
　결 참조).

영하는 과정에서 피인수회사의 자금을 페이퍼컴퍼니에 대여금 형태로 인출한 다음 이를 재원으로 하여 자신이 피인수회사의 주식을 인수하기 위해 빌렸던 사채를 변제함과 아울러 피인수회사의 주가를 조작하는 자금원으로 활용하는 등 범죄를 저질러 업무상횡령죄로 처벌받은 사례를 들 수 있다.

Ⅲ / 업무상배임 관련 형사책임

1. 경영상 판단의 문제

가. 개관

후임 경영권자가 전임 경영권자의 계열사 지원, 신사업 투자 등을 두고 부당한 경영으로 인해 회사에 손해가 발생하였다는 이유로 업무상배임죄로 고소하는 경우가 빈번하다. 이때 전임 경영권자에게 업무상배임죄가 성립하는지와 관련하여, 전임 경영권자의 위와 같은 행위가 대표이사의 '경영상 판단'에 해당하여 배임죄의 고의가 부인되는지 문제된다.

나. 경영상 판단의 인정 기준

판례에 나타난 구체적인 판단 기준은 세 가지로 정리할 수 있다.[3]

첫째, 경영판단과 관련하여 그 업무처리의 내용, 방법, 시기 등이 법령이나 당해구체적 사정 하에서 일의적인 것으로 규정되어 경영판단의 여지가 존재하지 않는 경우, 미리 정해진 특정한 조치를 취하지 아

---

3 편집대표 김대휘·김신, 주석형법: 형법각칙 6, 406쪽, 한국사법행정학회(2017).

니하여 본인에게 손해가 발생할 경우 배임죄의 고의는 인정된다(대법원 2007. 1. 26. 선고 2004도1632 판결 참조).

대법원 2007. 1. 26. 선고 2004도1632 판결

이윤추구와 아울러 공공적 역할도 담당하는 각종 금융기관의 경영자가 금융거래와 관련한 경영상 판단을 함에 있어서 그 업무처리의 내용, 방법, 시기 등이 법령이나 당해 구체적 사정 하에서 일의적인 것으로 특정되지 않는 경우에는 결과적으로 특정한 조치를 취하지 아니하는 바람에 본인에게 손해가 발생하였다는 사정만으로 책임을 물을 수는 없고, 그 경우 경영자에게 배임의 고의가 있었는지를 판단함에 있어서는 문제된 경영상의 판단에 이르게 된 경위와 동기, 판단대상인 업무의 내용, 금융기관이 처한 경제적 상황, 손실 발생의 개연성 등 제반 사정에 비추어 자기 또는 제3자가 재산상 이득을 취득한다는 인식과 본인에게 손해를 가한다는 인식하의 의도적 행위임이 인정되는 경우에 한하여 배임죄의 고의를 인정하는 엄격한 해석기준이 유지되어야 한다.

둘째, 경영자가 아무런 개인적인 이익을 취할 의도 없이 선의에 의하여 가능한 범위 내에서 수집된 정보를 바탕으로 기업의 이익에 합치된다는 믿음을 가지고 신중하게 결정을 내렸으나 그 예측이 빗나가 기업에 손해가 발생하는 경우에는 배임죄의 고의를 인정할 수 없다(대법원 2004. 7. 22. 선고 2002도4229 판결 참조).

대법원 2004. 7. 22. 선고 2002도4229 판결

경영상의 판단과 관련하여 기업의 경영자에게 배임의 고의가 있었는지를 판단함에 있어서도 일반적인 업무상배임죄에 있어서 고의의 입증 방법과 마찬가지의 법리가 적용되어야 함은 물론이지만, 기업의 경영에는 원천적으로 위험이 내재하여 있어서 경영자가 아무런 개인적인 이익을 취할 의도 없이 선의에 기하여 가능한 범위 내에서 수집된 정보를 바탕으로 기업의 이익에 합치된다는 믿음을 가지고 신중하게 결정을 내렸다 하더라도 그 예측이 빗나가 기업에 손해가 발생하는 경우가 있을 수 있는바, 이러한 경우에까지 고의에 관한 해석기준을 완화하여 업

무상배임죄의 형사책임을 묻고자 한다면 이는 죄형법정주의의 원칙에 위배되는 것임은 물론이고 정책적인 차원에서 볼 때에도 영업이익의 원천인 기업가 정신을 위축시키는 결과를 낳게 되어 당해 기업 분만 아니라 사회적으로도 큰 손실이 될 것이므로, 현행 형법상의 배임죄가 위태범이라는 법리를 부인할 수 없다 할지라도, 문제된 경영상의 판단에 이르게 된 경위와 동기, 판단대상인 사업의 내용, 기업이 처한 경제적 상황, 손실발생의 개연성과 이익획득의 개연성 등 제반 사정에 비추어 자기 또는 제3자가 재산상 이익을 취득한다는 인식과 본인에게 손해를 가한다는 인식(미필적 인식을 포함)하의 의도적 행위임이 인정되는 경우에 한하여 배임죄의 고의를 인정하는 엄격한 해석기준은 유지되어야 할 것이고, 그러한 인식이 없는데 단순히 본인에게 손해가 발생하였다는 결과만으로 책임을 묻거나 주의의무를 소홀히 한 과실이 있다는 이유로 책임을 물을 수는 없다.

셋째, 대기업 또는 대기업의 회장 등 개인이 정치적으로 난처한 상황에서 벗어나기 위해 자회사 등으로 하여금 특정 회사의 주식을 매입하게 한 행위가 경제적으로 기업에 재산상 손해가 발생하는 결과를 초래한 사안에서, 대법원은 이러한 경영행위에 업무상배임죄의 고의가 인정된다고 보았다(대법원 2007. 3. 15. 선고 2004도5742 판결). 따라서 정치적인 고려에 따라 회사의 경제적인 손해를 감수하는 경영행위는 경영상 판단의 법리에 따라 보호받지 못할 것으로 보인다.

대법원 2007. 3. 15. 선고 2004도5742 판결
위와 같은 이 사건 주식매수의 동기와 목적, 매매계약에 이르게 된 경위와 그 내용, 매매대금의 규모, 피고인들과 자회사 등과의 관계 등 제반 사정에 비추어 보면, 피고인들은 기업의 경영자로서 자회사 등이 처한 경제적 상황, 공소외 8 주식회사의 사업전망, 그 주식의 매입으로 인한 손실발생 또는 이익획득의 개연성 등을 신중하게 검토한 후 경영상의 판단에 이르게 된 것이라기보다는 공소외 1 주식회사 또는 피고인들 개인이 정치적으로 난처한 상황에서 벗어나기 위하여 자회사 등으로 하여금 주식매도인 공소외 9가 요구하는 가격과 수량 그대로 이 사건 주식을 매입하게 하였고, 이에 따라 자회사 등의 대표이사들도 공소외 8 주식회

사 주식의 적정가액과 향후 전망에 대한 신중한 검토 없이 피고인들에 의하여 매입수량과 가격이 미리 지정된 이 사건 주식을 지정된 날짜에 자회사 등이 매입하게 한 것으로서, 피고인들로서는 위와 같은 자회사 등의 대표이사들의 행위가 회사재산을 보호하여야 할 업무상임무에 위배되고 나아가 이 사건 주식의 매입으로 인하여 자회사 등에게 현실적인 재산상 손해를 가하거나 적어도 재산상 실해 발생의 위험을 초래한다는 점을 미필적으로나마 인식하고 있었다고 보는 것이 정상적인 경험칙에 부합한다 할 것이며, 설령 피고인들에게 장차 이 사건 주식의 가치가 상승하여 자회사 등이 이익을 얻게 될 수도 있다는 기대 내지 의사가 있었다고 하더라도 이는 부수적일 뿐이고 이 사건 주식매입으로 인하여 자회사 등에게 재산상 손해를 가한다는 가해의 의사가 주된 것이었다고 봄이 상당하다.

2. LBO(Leveraged Buy-Out)방식 M&A 관련 형사책임

가. 개관

차입매수 또는 LBO(Leveraged Buy-Out)는 그 뜻이 분명한 하나의 법적 개념이 아니라 일반적으로 기업인수를 위한 자금의 상당 부분에 관하여 피인수회사(또는 대상회사)의 자산을 담보로 제공하거나 그 상당 부분을 피인수기업의 자산으로 변제하기로 하여 차입한 자금으로 충당하는 방식의 기업인수 기법을 일괄하여 부르는 경영학상의 용어로 거래현실에서 그 구체적인 태양은 매우 다양하다(대법원 2015. 3. 12. 선고 2012도9148 판결 참조). 이러한 상황은 피인수기업의 부실로 귀결되는데, 이러한 경우 업무상배임죄가 성립하는지 문제된다.

나. 구체적인 유형 및 판단기준

인수회사의 채무에 관하여 피인수회사로 하여금 보증 혹은 물적 담보를 제공하도록 하는 담보제공형 LBO, 피인수회사와 인수회사 간 합병을 통하여 합병 전 피인수회사에 속하는 자산 및 현금흐름을 인수대금 채무변제에 활용하는 합병형 LBO, 그리고 인수회사가 피인수회사의 유상감자 배당 등을 통하여 마련한 대금으로 인수대금 채무를 변제하는 자산인출형 LBO 등의 유형으로 구분된다.[4]

차입매수에 관하여는 이를 따로 규율하는 법률이 없는 이상 일률적으로 차입매수방식에 의한 기업인수를 주도한 관련자들에게 배임죄가 성립한다거나 성립하지 아니한다고 단정할 수 없고, 배임죄의 성립 여부는 차입매수가 이루어지는 과정에서의 행위가 배임죄의 구성요건에 해당하는지에 따라 개별적으로 판단되어야 한다(대법원 2010. 4. 15. 선고 2009도6634 판결 참조).

대표적으로 담보제공형 LBO의 경우, 대법원은 "피인수회사로서는 주채무가 변제되지 아니할 경우 담보로 제공되는 자산을 잃게 되는 위험을 부담하게 되므로 인수자만을 위한 담보제공이 무제한 허용된다고 볼 수 없고, 인수자가 피인수회사의 위와 같은 담보제공으로 인한 위험부담에 상응하는 대가를 지급하는 등의 반대급부를 제공하는 경우에 한하여 허용될 수 있다. 만일 인수자가 피인수회사에 아무런 반대급부를 제공하지 않고 임의로 피인수회사의 재산을 담보로 제공하게 하였다면, 인수자 또는 제3자에게 담보 가치에 상응한 재산상 이익을 취득하게 하고 피인수회사에 재산상 손해를 가하였다고 보는 것이 타당하다."는 법리를 제시하고 있다(대법원 2012. 6. 14. 선고 2012도1283 판결).

대법원은 위와 같은 판단기준에 따라, 피인수회사 소유의 부동산에 관하여 설정된 근저당권의 피담보채무에 피인수회사의 대출금 채무뿐만 아니라 인수자가 설립한 특수목적법인(SPC)의 대출금 채무도 포함되어 담보로 제공된 사안에서, 인수자가 설립한 특수목적법인은 향후

---

4 편집대표 김대휘·김신, 위 책, 439쪽.

피인수회사와 합병되더라도 피인수회사가 실질적 가치 있는 재산을 얻은 것으로 볼 수 없으므로, 피인수회사의 대표이사가 피인수회사 소유의 부동산에 관하여 근저당권을 설정한 것은 임무를 위배하여 인수자에게 재산상 이익을 취득하게 하고 피인수회사에게 재산상 손해를 가한 행위이므로 업무상배임죄가 성립한다고 보았다(대법원 2020. 10. 15. 선고 2016도10654 판결).[5]

> **대법원 2020. 10. 15. 선고 2016도10654 판결**
> 공소외 1 회사는 전자제품 유통기업으로서 이 사건 합병 전인 2006년 말경까지 영업적·재산적으로 실질적 가치를 갖는 유·무형 자산을 다수 보유하고 상당한 액수의 매출액과 영업이익을 달성하고 있었던 것으로 보인다. 반면 공소외 21 회사는 영업적 실체를 갖추지 못한 특수목적회사(Special Purpose Company)에 불과하여 이 사건 합병에도 불구하고 통상 기업결합에서 기대되는 영업상의 시너지 효과 등을 통해 장래 공소외 1 회사에 초과수익을 가져다주기는 어렵다. 또한 공소외 21 회사 보유 자산의 거의 대부분은 공소외 1 회사 발행 주식으로서 위 합병을 통해 공소외 1 회사가 이를 승계하더라도 자기주식을 취득한 것에 불과하여 실질적 가치 있는 재산을 얻은 것으로 볼 수는 없다. 나아가 현금 등 나머지 유동자산도 이 사건 대출계약에 따라 처분이 엄격히 제한됨으로써 공소외 1 회사의 영업에 활용될 수 없었다. 더욱이 공소외 1 회사는 기존 대출금 채무를 변제하기 위해 이 사건 대출계약에 따라 보다 높은 이율로 자금을 차입하였다. 결국 공소외 1 회사로서는 인수절차가 진행되기 전에 비하여 채무원리금 변제의 부담이 크게 증가하고, 미변제 시 보유 부동산을 상실할 위험이 발생하는 등 전체적으로 재산상의 손해만 입었을 뿐 이를 상쇄할 만한 다른 반대급부를 인수자인 공소외 20 회사 등으로부터 제공받지 못하였다고 봄이 상당하다.

---

5 반면 원심판결(서울고등법원 2016. 6. 24. 선고 2015노478 판결)은 해당 LBO가 합병형 LBO에 해당한다고 본 다음, 실질적으로 특수목적법인의 채무가 피인수회사의 자산으로 담보하게 되는 결과가 초래된 것은 맞으나 합병 후에는 소멸회사의 채무가 존속회사에 승계되므로 특수목적법인과 피인수회사가 합병된 이상 결과적으로 타인의 채무를 위해 담보를 제공한 결과는 발생하지 않았다고 보아 무죄를 선고하였다.

한편 대법원은 '한일합섬' 사건에서 합병형 LBO는 회사에 손해를 발생시키지 않는다고 보아 업무상배임죄의 성립을 부정하였고(대법원 2010. 4. 15. 선고 2009도6634 판결), '대선주조' 사건에서 자산인출형 LBO 또한 회사에 손해를 발생시킨다고 볼 수 없다고 판단하였다(대법원 2013. 6. 13. 선고 2011도524 판결).

부산고등법원 2009. 6. 25. 선고 2009노184 판결 (한일합섬 LBO 사건 항소심)

앞서 본 바와 같이 공소외 6 주식회사 등의 자산을 담보로 제공하여 마련한 대출금과 공소외 6 주식회사를 비롯한 ○○그룹의 일부 계열사들이 투자한 총 합계 1,302억 원을 인수대금으로 사용하여 공소외 7 주식회사가 공소외 1 주식회사를 인수한 것으로서, 피인수회사의 자산을 담보로 기업을 인수하는 LBO 방식과 그 기본적인 전제가 다른 점, 나아가 원심이 적절하게 설시한 바와 같이 합병의 본질과 그 효과 및 상법상 합병비율, 주주총회의 특별결의, 합병에 반대하는 주주들의 주식매수청구권, 채권자 보호절차 등을 통하여 합병에 반대하는 주주들이나 채권자들이 보호받을 수 있는 제도가 마련되어 있는 점, 이 사건 합병에 관한 2007. 12. 24.자 이사회결의에 그 절차상 일부 하자가 있으나 나중에 이사회가 4회나 더 개최되어 합병과 관련한 결의가 이루어졌는데, 이러한 이사회결의가 모두 무효라고 인정할 만한 자료가 없고, 공소외 1 주식회사의 경우 2008. 4. 8. 개최된 주주총회를 거쳐 합병이 이루어진 사정에 비추어 위와 같은 사유를 합병무효사유에 해당한다고 단정하기 어려운 점, 이 사건 합병이 합병의 본질 및 요건에 반하여 법률상 합병할 수 없거나 합병비율의 산정이 위법하거나 소수주주들이나 채권자 보호절차에 위법이 있는 등 합병의 실질이나 절차에 하자가 있다는 점을 기록상 찾아볼 수 없는 점 등을 종합하면, 이 사건 합병으로 인하여 공소외 1 주식회사가 1,800억 원 상당 내지 법인격 소멸에 따른 현금유동성 상실이라는 손해를 입었다고 볼 수 없다.

대법원 2013. 6. 13. 선고 2011도524 판결 (대선주조 LBO 사건)

원심은, 피고인 2, 3이 공소외 2 회사의 이사로서 수행한 유상감자 및 이익배당으로 인하여 공소외 2 회사의 적극재산이 감소하였다고 하더라도 이는 우리 헌법 및 상법 등 법률이 보장하는 사유재산제도, 사적 자치의 원리에 따라 주주가 가지는 권리의 행사에 따르는 결과에 불과하고, 유상감자 당시 공소외 2 회사의 영업이익이나 자산 규모 등에 비추어 볼 때 유상감자의 절차에 있어서 절차상의 일부 하자로 인하여 공소외 2 회사의 채권자들에게 손해를 입혔다고 볼 수 없으며, 1주당 감자 환급금액과 공소외 2 회사의 배당가능이익을 감안하면 결국 이 사건 유상감자 및 이익배당으로 인하여 공소외 2 회사의 주주들에게 부당한 이익을 취득하게 함으로써 공소외 2 회사에 손해를 입혔다고 볼 수 없다고 판단하였다. 위와 같은 판단을 바탕으로 원심은 피고인 1이 위와 같은 피고인 2, 3의 행위에 공모·가담하였는지에 관하여 더 나아가 살필 필요가 없이 피고인들에 대한 이 부분 공소사실을 무죄로 인정하여, 이와 결론을 같이한 제1심판결을 유지하였다. 관련 법리에 비추어 기록을 살펴보면, 원심의 위와 같은 판단은 정당하고, 거기에 상고이유의 주장과 같이 차입매수에 있어서 업무상 배임죄의 성립, 업무상 배임죄에서 손해의 발생 또는 유상감자와 이익배당 등에 관한 법리를 오해하거나 논리와 경험의 법칙을 위반하여 사실을 인정하는 등의 위법이 있다고 할 수 없다.

필진 소개

윤성원

고려대학교 법과대학 졸업
사법시험 제27회 / 사법연수원 제17기 수료
광주지방법원 수석부장판사
법원행정처 사법지원실장
서울고등법원 부장판사
광주지방법원장
법무법인(유) 지평 대표변호사

김동아

서울대학교 법과대학 졸업
미국 University of California, Berkeley (UC Berkeley) Visiting Scholar
사법시험 제34회 / 사법연수원 제24기 수료
서울남부지방법원 부장판사
대한상사중재원 중재인
공정거래위원회 비상임위원
법무법인(유) 지평 파트너변호사

장기석

고려대학교 법과대학 졸업
사법시험 제36회 / 사법연수원 제26기 수료
의정부지방검찰청 형사1부장검사
부산지방검찰청 동부지청 차장검사
제주지방검찰청 차장검사
법무법인(유) 지평 파트너변호사

신민

서울대학교 법과대학 졸업
미국 Southern Methodist University Dedman School of Law LL.M.(법학석사)
사법시험 제40회 / 사법연수원 제30기 수료
한국환경법학회 기획이사
서울주택도시공사 SH인권경영위원회 위원
법무법인(유) 지평 파트너변호사

이태현
서울대학교 경영대학 경영학과 졸업
미국 Fordham University LL.M.(법학석사)
사법시험 제46회 / 사법연수원 제36기 수료
서울대학교 공정거래와 소비자 보호 과정 이수
법무법인(유) 지평 파트너변호사

배기완
서울대학교 경영대학 경영학과 졸업
서울대학교 대학원 경영학과 수료(회계학)
미국 New York University School of Law LL.M. (Corporate Law)
사법시험 제47회 / 사법연수원 제37기 수료
법무법인(유) 지평 파트너변호사

김형우
서울대학교 영어교육과 졸업
제37회 공인회계사 시험 합격
사법시험 제48회 / 사법연수원 제39기 수료
중소벤처기업진흥공단 투자심의위원
법무법인(유) 지평 파트너변호사

서동천
KAIST 산업공학과 졸업
KAIST 산업공학과 대학원 석사과정 졸업
건국대학교 법학전문대학원 졸업
KT 중앙연구소 연구원
변호사시험 제2회
법무법인(유) 지평 파트너변호사

천영석
서울대학교 경영학과 졸업
서울대학교 법학전문대학원 졸업
미국 University of California Los Angeles(UCLA) School of Law LL.M. 연수 중
제46회 공인회계사 시험 합격
변호사시험 제6회
법무법인(유) 지평 변호사

조민현

서울대학교 경영학과 졸업
서울대학교 법학전문대학원 졸업
제44회 한국공인회계사 시험 합격
변호사시험 제7회
법무법인(유) 지평 변호사

이진안

고려대학교 심리학과 졸업
고려대학교 일반대학원 석사과정 졸업(심리학)
서울대학교 법학전문대학원 졸업
변호사시험 제7회
법무법인(유) 지평 변호사

유원상

서울대학교 노어노문학과 졸업
서울대학교 법학전문대학원 졸업
변호사시험 제8회
법무법인(유) 지평 변호사

권준희

서울대학교 정치학과 졸업
서울대학교 법학전문대학원 졸업
변호사시험 제9회
법무법인(유) 지평 변호사

이경한

경찰대학교 졸업
충남대학교 법학전문대학원 졸업
서울대학교 법학전문대학원 금융법무과정 수료
변호사시험 제10회
법무법인(유) 지평 변호사

박지훈

서울대학교 법학과 졸업
서강대학교 법학전문대학원 졸업
변호사시험 제11회
법무법인(유) 지평 변호사

경영권 법률실무
-경영권 분쟁의 대응과 해법-

초판발행   2024년 1월 5일
중판발행   2024년 6월 30일

지은이   법무법인(유) 지평
펴낸이   안종만·안상준

편   집   장유나
기획/마케팅   조성호
표지디자인   BEN STORY
제   작   고철민·조영환

펴낸곳   (주) **박영사**
               서울특별시 금천구 가산디지털2로 53, 210호(가산동, 한라시그마밸리)
               등록 1959.3.11. 제300-1959-1호(倫)
전   화   02)733-6771
f a x   02)736-4818
e-mail   pys@pybook.co.kr
homepage   www.pybook.co.kr
ISBN   979-11-303-4267-2   93360

copyright©법무법인(유) 지평, 2024, Printed in Korea

* 파본은 구입하신 곳에서 교환해드립니다. 본서의 무단복제행위를 금합니다.

정   가   20,000원